Andreas Jüttemann

Ostpreußenviertel Berlin-Westend

Pichelsberg, Olympiagelände, Siedlung Heerstraße, Rupenhorn, Friedhöfe Heerstraße, Teufelsberg, Pichelswerder, Tiefwerder, Schildhorn

VERLAG PHARUS-PLAN

Andreas Jüttemann
Ostpreußenviertel, Berlin-Westend

Pichelsberg, Olympiagelände, Siedlung Heerstraße, Rupenhorn, Friedhöfe Heerstraße, Teufelsberg, Pichelswerder, Tiefwerder, Schildhorn

Titelfoto:
Georg-Kolbe-Museum: *www.georg-kolbe-museum.de*

Fotos:
Bildarchiv Ostpreußen *www.bildarchiv-ostpreussen.de:* 9, 13, 17, 19, 21, 25, 26, 27, 30, 31, 33o, 34, 36, 38u, 39u, 40u, 44, 46, 47, 48o, 50o, 51u, 61, 71, 75
Landesarchiv Berlin: 32, 33u, 37u, 43, 64u, 82o
Bundesarchiv: 16, 24, 72
Thuringia: 11u (2x)
Gorgas (1929, s. Litverz.): 65, 66, 68o, 77, 78u
Sammlung Jüttemann: 82, 87
Zentralblatt der Bauverwaltung (1936, s. Litverz.): 79, 80
Krause (1936, s. Litverz.): 20, 23, 26M
Andreas Jüttemann: 4, 5, 7, 8, 10, 11o, 14, 22, 38o, 39o, 41, 42, 62, 67, 68u, 69u, 70, 72u, 73, 74, 76, 81, 83, 85, 86, 88, 89, 90, 92, 93, 94, 95
Isabel Mainitz: 18, 35, 37o, 45, 48o+M, 49, 50u, 51o, 53, 54, 55, 57, 58, 59, 64o, 65
Pharus-Plan : 17o, 30o, 63, 77o, 91

Verlag Pharus-Plan
Satz und Layout: Verlag Pharus-Plan

Rubensstraße 107 · 12157 Berlin
Tel.: 030-39 88 88 83
Fax: 030-39 88 88 84
E-Mail: pharus@pharus-plan.de
www.pharus.eu · www.dein-plan.de/berlin

ISBN 978-3-86514-200-9

In diesem Buch sind zur besseren Übersicht einige Ausschnitte aus unseren aktuellen und historischen Pharus-Plänen verwendet worden. Diese und viele weitere Pläne können Sie sich gern (als Reprint oder Einzel-Reproduktionen) unter *www.pharus-plan.de* bestellen. Unser Online-Archiv umfasst derzeit ca. 1.400 Titel.

Die Ausdehnung des Berliner Stadtgebiets im ausgehenden 19. und beginnenden 20. Jahrhundert ist unmittelbar mit dem Bau von Vorort-Eisenbahnstrecken verbunden. Auf diese Weise entwickelten sich viele Villenkolonien, aber auch Großsiedlungen rund um das bis 1920 noch recht überschaubare Berlin. Diesem Entwicklungsmuster folgte auch die Besiedlung des nördlichen Grunewalds. Zu Beginn des 19. Jahrhunderts gab es zwischen Spandau und Charlottenburg nur Kiefern auf sandigen Hügeln, darauf verstreut ein paar Windmühlen und ab 1854 eine Brauerei am Spandauer Damm. Das sollte sich in der Gründerzeit ändern: Ab 1866 wurde das Brachland von der Westend-Gesellschaft parzelliert und zum Bau von Villen verkauft. Als im Jahre 1908 auch noch die U-Bahn bis zum Reichskanzlerplatz (heute Theodor-Heuss-Platz) verlängert wurde, war die Entwicklung der Gegend nicht mehr aufzuhalten und das, obwohl 1873 die Westend-Gesellschaft Insolvenz anmeldete. Das letzte übrig gebliebene Waldgebiet zwischen dem mittlerweile dicht bebauten Westend und der Havel sollte ganz im Zeichen des Sports stehen: 1913 wurde hier das „Deutsche Stadion" von Kaiser Wilhelm II. eröffnet – Berlin sollte bereits 1916 Austragungsort der Olympischen Spiele sein.
Doch der Erste Weltkrieg verhinderte dies. Nach dem Krieg wurden 1920 die Städte Charlottenburg und Spandau zu Groß-Berlin eingemeindet. Der einstige Teltower Gutsbezirk Heerstraße, der das im vorliegenden Band beschriebene Gebiet zwischen Teufelssee und Ruhleben umfasste, kam zum neuen Stadtbezirk Charlottenburg. Man begann entlang der Döberitzer Heerstraße, ursprünglich eine breite Magistrale zur Anbindung der Trup-

Blick vom Drachenberg auf das Ostpreußenviertel, das Le-Corbusier-Haus und die Angerburger Allee, 2013

penübungsplätze bei Dallgow-Döberitz, den Grunewald zu parzellieren und Seitenstraßen anzulegen.
Dem Trauma des verlorenen Ersten Weltkriegs gedachte man, in dem man für die neuen Straßen Namen von ostpreußischen Orten verwendete. Zum einen erinnerte das an die wenigen Kriegsschauplätze im eigenen Land, die fast ausnahmslos auf ostpreußischem Gebiet lagen. Zum anderen wurde durch die Namensgebung auf die Abtrennung der Provinz Ostpreußen aufmerksam gemacht, die aufgrund des Versailler Vertrages als neue Exklave hinter dem polnischen Korridor lag.
Die Bebauung im neuen Wohngebiet zwischen dem „Deutschen Stadion“, dem Bahnhof Heerstraße, dem Grunewald und dem Stößensee erfolgte recht unregelmäßig. Sehenswerte Villen wurden von namhaften Architekten entworfen oder es entstanden zwischen 1918 und 1939 ansehnliche Häuser für prominente und einflussreiche Berliner. Verdichtet wurde die lockere Bebauung dann aber erst nach 1945, als z.B. eine großflächige britische Militärsiedlung auf dem Areal rund um den Scholzplatz entstand. Hier planten die Nazis ein Uniklinikum und eine Hochschulstadt. Da in Westberlin die Bauflächen knapp waren, wurden herrschaftliche Grundstücke aus der Vorkriegszeit geteilt und in den 1960er Jahren die Baulücken gefüllt. Hinzu kamen die Hochhäuser an der Angerburger Allee, die Unité d' Habitation von Le Corbusier an der Flatowallee und die Terrassenhäuser an der Kranzallee. All das sind markante Beispiele modernen Bauens nach dem Zweiten Weltkrieg. Ein Rundgang durch das Ostpreußenviertel bedeutet also gleichsam eine Tour durch die Architekturgeschichte des 20. Jahrhunderts.

Einfamilienhausarchitektur im Ostpreußenviertel

In den 1920er und 1930er Jahren, also der Hauptentstehungszeit des Ostpreußenviertels, gewannen aus privaten Mitteln finanzierte Einfamilienhaus-Bauprojekte an besonderer Bedeutung: „Bis 1936 stieg der Anteil der privat finanzierten Bauvorhaben am gesamten Wohnungsbau in Berlin von 59 Prozent (1931) auf knapp 94 Prozent“ (Jörg Haspel in Schmitz, 2007). In der Zeit zwischen 1933 und dem Kriegsbeginn entstanden in Berlin und im direkt angrenzenden Umland rund 32.000 Ein- und Zweifamilienhäuser.
In der architekturgeschichtlichen Literatur fand dieser private Wohnungsbau bislang nur wenig Beachtung. Das könnte auch daran liegen, dass die Einfamilienhäuser meist von unbekannten Architekten entworfen wurden, über deren Biografien nur schwer etwas ausfindig zu machen ist (Schmitz, 2007). Alltagsarchitektur der 1920er und 1930er Jahre war nach Meinung Wolfgang Voigts „weder maßstabslos noch monumental und auch nicht neoklassizistisch“ (zit. nach ebd.), sondern ist besonders

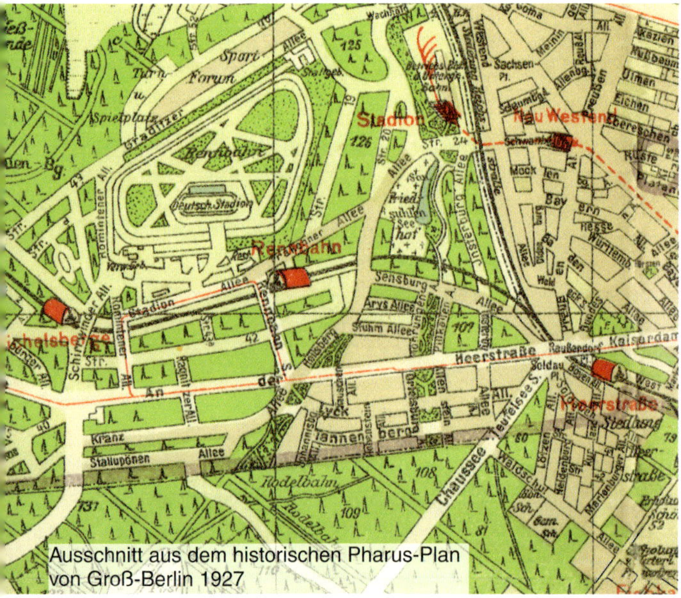

Ausschnitt aus dem historischen Pharus-Plan von Groß-Berlin 1927

deshalb einer Auseinandersetzung mit ihr würdig, weil gerade im Einfamilienhausbau eine besonders große Uneinheitlichkeit in der Gestaltung von eigentlich sehr einheitlichen Bautypen zu finden ist. Die Bauten dieser Zeit sind eher durch „Phänomene wie Abwandlung, Kombination oder Modifikation gekennzeichnet", aber ihre gestalterischen Qualitäten seien oft gering (ebd.). Die Entstehung von einheitlichen Bautypen ist vor allem durch die Tatsache bedingt, dass in den 1930er Jahren Steuerbefreiungen den privaten Bauherren Anreize boten, bestimmte restriktive Bestimmungen hinsichtlich der Gestaltungsmerkmale und Hausgrößen einzuhalten. Dieser ursprünglich noch „fakultativen" Anpassung der Bauherren an „behördliche Idealtypen", folgten aber im Nationalsozialismus strikte baupolizeiliche Vorgaben in der Verwendung bestimmter Baumaterialien wie Beton und Stahl. Im Baustil ersetzten immer mehr deutlich konservative Vorstellungen die in den zwanziger Jahren vorherrschende freche, aber schlichte architektonische Moderne. Der Baustil knüpfte an die Architektur aus der Zeit kurz vor den Ersten Weltkrieg an und man nannte diese Baugattung gemeinhin „Heimatschutzstil", weil sie „an bodenständige Bauweisen und Bautraditionen anknüpfte" (ebd.). Es sollten mehr regionale „Bautraditionen" berücksichtigt werden.

Haus Sensburger Allee 7 (Architekt: Kurt Bornemann), ein typisches sog. „Deutsches Haus" der Zwischenkriegszeit

Deshalb haben sich im Einfamilienhausbau dieser Zeit eigentlich nur zwei Baustile durchgesetzt:

(a) Als Vorbild des „**Deutschen Hauses**“ wurde 1932 von Paul Schmitthenner das Gartenhaus von Goethe im Weimarer Ilmpark erhoben. Auch Architekten wie Heinrich Tessenow bedienten sich dieser Gestaltungsvorgabe schon vor 1932, z.B. in dem Bauprojekt Gartenstadt Dresden-Hellerau (s. Siedlung Heerstraße). Den Haustyp des „Deutschen Hauses“ (auch als „Würfelhaus“ oder „Kaffeemühle“ bezeichnet), nannte Henselmann 1946 den „Wunschtraum der kleinen Leute“ (zit. nach ebd.) Es ist der meistverbreitetste Haustyp, mit hohem Sockel, quadratischem Grundriss, flach geneigtem Zeltdach oder Walmdach mit kurzem First. Meist boten Baufirmen oder Bausparkassen Entwurf und Ausführung gerade jenes Bautyps in einem Paket an, denn er bestach durch seine Ökonomie: Bei einer minimalen Länge der Außenwände ergibt sich ein Maximum an Raumvolumen, d.h. es wird möglichst wenig Baumaterial verwendet und der Wärmeverlust war geringer als bei anderen Bautypen jener Zeit.

Typisches Beispiel eines Giebelhauses: Marienburger Allee 35

(b) **Das Giebelhaus:** Der zweitverbreitetste Typus ist die Form des Giebelhauses. Historische Vorbilder für diesen Bautyp waren – neben Bauernhäusern – vor allem die Siedlungsbauten, die zur Zeit Friedrichs des Großen, insbesondere im Oderbruch und der Neumark, errichtet wurden (Schmitz, 2007). Diese Siedlungshäuser besaßen weiße Putzfassaden und Sprossenfenster. Der Typus hatte einen soliden „handwerklichen Charakter“.

Tour 1: Vom S-Bahnhof Heerstraße durch das nördliche Ostpreußenviertel, über den Friedhof Heerstraße, das Olympiagelände und zurück

8 km / 2 h

Sensburger Allee

Die Sensburger Allee wurde am 16. Januar 1925 nach der 22.000 Einwohner großen einstigen Kreisstadt im heute polnischen Teil Ostpreußens benannt. Sensburg heißt heute Mrągowo. Im Gegensatz zu vielen anderen Städten Masurens hat die historische Altstadt den Zweiten Weltkrieg und den Einmarsch der Roten Armee zum Kriegsende recht glimpflich überstanden. Sehenswert sind heute zum Beispiel noch das Rathaus, mehrere Kirchen und der ehemalige Bismarckturm. Der bekannte Fußballspieler Udo Lattek wurde 1935 in Sensburg geboren.
Die Sensburger Allee hieß bis 1925 „Straße 17". Im Haus Nr. 25 lässt sich das einstige Atelierhaus des Bildhauers Georg Kolbe besuchen, in dem sich heute ein Museum der Bildhauerei befindet. Im benachbarten Wohnhaus (Nr. 26) befindet sich heute ein Kunstcafé.

Sensburger Marktplatz, um 1920

▶ ***Georg-Kolbe-Museum***

Georg Kolbe (1877–1947), Sensburger Allee 25 und 26. Der aus Sachsen stammende Kolbe studierte erst in Dresden und München, dann in Paris Malerei. 1902 kam er nach Deutschland zurück und fing mit der Bildhauerei an. Kolbe gilt als einer der bedeutendsten Bildhauer der 1930er Jahre. Im Gegensatz zu Arno Breker ließ er sich aber nicht gänzlich für die Zwecke der Nazis missbrauchen, sondern betonte stets eine gewisse politische Unabhängigkeit. Trotz seiner oft regimekritischen Haltung setzte ihn Hitler 1944 auf die sog. Liste der „Gottbegnadeten".

Georg-Kolbe-Museum (rechts) und Café K (links)

Für den Bau seiner beiden Häuser beauftragte Kolbe 1928/29 die Architekten Paul Lindner (Walter-Gropius-Schüler) und Ernst Rentsch. Kolbe starb 1947. Seit 1950 beherbergt sein altes Atelierhaus das Georg-Kolbe-Museum. Es war damit das erste Museum, das in Westberlin nach dem Krieg eröffnet wurde. Seit 1978 wird das Haus auch vom Land Berlin unterstützt, da hier regelmäßig auch Werke anderer Bildhauer gezeigt werden. Kolbes Wohnhaus, in dem sich heute das Café K befindet, wurde erst 1970 mit Mitteln der Klassenlotterie angekauft. Im Jahre 1995 wurde das Museum geringfügig um einen Anbau erweitert. Der Grünzug im Ostpreußenviertel, der sich von der Sensburger Allee zum Grunewald erstreckt, heißt seit 1957 Georg-Kolbe-Hain. Er wurde 1920 nach Plänen von Richard Köhler angelegt und in den Jahren 1932-43 von Felix Buch umgestaltet. In der Parkanlage stehen einige Plastiken von Georg Kolbe.

Weitere sehenswerte und denkmalgeschützte Bauten sind das ehemalige Verbindungshaus der Thuringia (Nr. 3,

Holz-Typenhäuser des Reichsarbeitsdienstes, Sensburger Allee 1, 8 und 10

s. Einschub), das Haus Nr. 5a, 1968 erbaut von Sami Mousawi; das Haus Nr. 7, welches 1937 vom Architekten Kurt Bornemann errichtet wurde sowie die drei Typenhäuser des Reichsarbeitsdienstes, die 1941 in Holzbauweise erbaut worden sind: Nr. 1, 8 und 10 (siehe Abb.).

▶ *Ehemaliges Haus der Burschenschaft Thuringia*

Am 18. Januar 1930 fand die Weihe des „Thüringerhauses“ in der Sensburger Allee 3 statt. Schon seit der Jahrhundertwende hatte die Charlottenburger Burschenschaft versucht, ein eigenes Haus zu beziehen. Der Stadtbaurat Fritz Freymüller und der Architekt Butsch (beide selbst „Bundesbrüder“) entwarfen zusammen mit einem Architekten namens Schmidt das Haus, das von den Studenten in Eigenarbeit erbaut wurde. Die Freude über das neue Haus weilte aber nicht lange, denn ab 1935 mussten sich auf Druck der Nazis viele Burschen-

Verbindungshaus der Thuringia um 1933

schaften zwangsauflösen. Im Jahre 1936 wurde die Villa als Wohnhaus für japanische Olympioniken zwischengenutzt. Die übrig gebliebenen Mitglieder der Thuringia organisierten sich im „Fechtclub Charlottenburg", der 1937 das Haus verkaufen musste. Rückübertragungsversuche nach dem Krieg blieben erfolglos. Heute befindet sich hier eine Arztpraxis.

In der Nr. 4 lebte der Röntgenphysiker Dr. Heinrich Franke (1887–1966). Er gilt als einer der Entwickler der Belichtungsautomatik und der Sensitometrie. Nach dem Ersten Weltkrieg leitete er die Fotografische Lehr- und Versuchsanstalt des Lette-Vereins in Berlin, von 1934 bis 1954 war er bei Siemens in Spandau Leiter der fototechnischen Abteilungen des Forschungslaboratoriums. Kurz nach dem Zweiten Weltkrieg war Franke in Erlangen auch als Stadtrat tätig, dort ist nach ihm eine Straße benannt worden.
Weitere bekannte Bewohner der Sensburger Allee: Georg Heinrichs (geb. 1926), Sensburger Allee 19a, Architekt, u.a. beteiligt am Bau des Flughafens London-Gatwick und des Forums Steglitz. Sein Haus wurde im Volksmund „Müllerburg" genannt und ist heute denkmalgeschützt.
Anni Albers (1899-1994) und ihr Mann Josef Albers (1888-1976) wohnten im Haus Sensburger Allee 28. Das Ehepaar Albers war am Dessauer Bauhaus tätig. Anni Albers arbeitete dort als Webkünstlerin, Josef Albers war Möbeldesigner, Maler und Fotograf. Die Eheleute Albers emigrierten 1933 in die USA. Anni Albers hatte Ausstellungen im New Yorker Museum of Modern Art. Josef Albers gilt als Wegbereiter der modernen nordamerikanischen Malerei.
Desweiteren lebten 1936 in der Sensburger Allee: Nr. 4 Regierungsbaumeister E: Zirker, Chefredakteur H. J. Carsten und Oberstleutnant E. Kayse; die Nr. 6–14 waren noch unbebaut. In der Nr. 18 lebte Kaufmann H. Georgi, in der Nr. 19 Wirtschaftsprüfer G. Horschig, in der Nr. 22 Baudirektor M. Schwoon und in der Nr. 23 Landgerichtsdirektorin R. Wachsner.

Insterburgallee

Die Berliner Insterburgallee bekam im Abschnitt südlich der Heerstraße 1914 und nördlich 1923 ihren Namen, davor hieß sie auf ganzer Länge Straße 14 und führte bis zur Olympischen Straße. Die einstige Kreisstadt Insterburg heißt heute Tschernjachowsk (Черняховск), hat über 40.000 Einwohner und liegt im östlichen Teil der russischen Exklave Kaliningrad. In Insterburg fließen Angerapp und Inster zusammen und bilden den Fluss Pregel, der auch durch die Oblasthauptstadt Königsberg fließt. Mit der Stadt verbunden sind u.a. die Schriftstellerin Frieda Jung, die hier starb, und der Architekt Hans Scharoun, der einige Jahre hier sein eigenes Büro hatte. Der Komödiant Ingo Insterburg (Gruppe Insterburg & Co, zusammen mit Karl Dall) wurde in Insterburg geboren.

Insterburg, Alter Markt mit Lutherkirche, um 1920

Wäre es nach Hitlers Haus- und Hofarchitekten Albert Speer gegangen oder wären die Pläne für die „autogerechte Stadt“ im Westberlin der 1960er Jahre umgesetzt worden, dann gäbe es die Insterburgallee heute als mehrspurige Autostraße, denn sie sollte als Teil des „Vierten Rings“ um Berlin ausgebaut werden. Wie das ausgesehen haben könnte, kann man am einzigen gebauten Teilstück des „Vierten Rings“ in Lichterfelde, Platz des 4. Juli sehen.

In der Insterburgallee 8/9 lebte Emil Leeb (1881–1969). Er war kommandierender General der elften deutschen

Insterburgallee 10
Katholische Grundschule Herz Jesu

Armee und an den Kämpfen um Warschau 1939 beteiligt. Ab 1943 war Leeb im Stab des NS-Rüstungsministers und Architekten Albert Speer tätig. Im Haus Nr. 8–10 wohnte außerdem Kaufmann E. Geese.
Im Jahre 1933 stehen in der nördlichen Insterburgallee erst fünf Häuser. In den Häusern 12 und 12a leben die Kaufmänner O. Ruhe bzw. W. Madler. Das Haus Nr. 13 gehört Apotheker S. Paczlowski und wird von Hausmeister F. Merten bewohnt.
In der südlichen Insterburgallee sind 1933 deutlich mehr Häuser bereits bezogen. Nachstehend einige Bewohner (Auswahl): Nr. 21 Buchbinderei Getrud Alexander; Das Haus Nr. 25 gehörte Lissi Arna-Schwarz (1904–1964). Sie war eine bekannte Stummfilmschauspielerin, die ihre Karriere 1923 mit dem Film „Abenteuer einer Nacht" begann. Häufig spielte sie Prostituierte oder Verführerinnen, so auch nach dem Zweiten Weltkrieg im Edgar-Wallace-Tonfilm „Der Zinker". In Nr. 25a befand sich die Berliner Wohnung des Weingutsbesitzers Fritz Schott aus Wallhausen. Das „Weingut F. E. Schott" an der Nahe wird heute in dritter Generation mit einer Produktion von etwa 150.000 Flaschen p.a. weitergeführt. Im Haus Nr. 26 lebte der Physiker J. Nienhold und in der Nr. 27 der Mineralölgroßhändler H. John-Joseph.
Am nördlichen Ende der Insterburgallee, an der sich auch das Grundstück der katholischen Grundschule Herz Jesu der sog. Pariser Kongregation Sacré Coeur befindet (Nr. 8–10, in der Nr. 10 wohnte 1933 ein Kaufmann namens F. Beer), gibt es unter einer hohen S-Bahnbrücke den Hintereingang des Prominenten-Friedhofs Heerstraße.

Friedhof Heerstraße

Der Gartenbaudirektor Erwin Barth gilt als Gründer und Gestalter des Waldfriedhofs Heerstraße rund um den Sausuhlensee. Das 15 ha große Friedhofsgelände wurde in den Jahren 1921–1924 angelegt. Die Verwaltungsgebäude und die Kapelle hat in den Jahren 1923 und 1924 Kirchenarchitekt Erich Blunck (s. Kranzallee 13) entworfen. Am 7. Oktober 1924 wurde der Friedhof eröffnet, der 1939 und 1947 erweitert wurde. Seit seiner Eröffnung gilt die landschaftlich besonders reizvolle Anlage als beliebte Begräbnisstätte, vor allem auch unter prominenten Berlinern.

Friedhofsverwaltungsgebäude,
Architekt: Erich Blunck

Übersicht von Grabstätten bekannter Persönlichkeiten mit Angaben zum Standort:

Karl Bonhoeffer (1868–1948), Widerstandskämpfer, Grab II W 12 - 286/7; Jürgen Bortz (1943–2007), Statistiker, Grab 15 - 157; Horst Buchholz (1933–2003), Schauspieler, Grab 1 Wald/2; Paul Cassirer (1871–1926), Präsident Berliner Secession, Grab 5 C-3/4; Werner Düttmann, Architekt, Grab II W 12a – 20 (s. Angerburger Allee); Tilla Durieux (1880–1971), Schauspielerin, Grab 5 C-4; Curt Goetz (1888–1960), Schauspieler, Grab 16 G-11-12; Georg Grosz (1893–1959), Maler, Grab 16 B 19; Wolfgang Gruner (1926–2002), Kabarettist, Grab II W-10/88-89; Jo Herbst (1928–1980), Schauspieler, Grab 7 G/13-14; Arno Holz (1863–1929), Dichter, Grab 3 B 27-28
Hans Kempinski, Hotelier, Grab 5 D - 3; Georg Kolbe (1877–1947), Bildhauer, Grab 2 D-4; Helene Lange (1848–1930), Frauenrechtlerin, Grab 5 A-1; Loriot, eigentl. Vicco von Bülow (1923–2011), Komödiant, Grab Erb 2D - 9abc; Willibald Pschyrembel, Mediziner, Grab 11B - 6; Günter Rexrodt (1941–2004), Politiker, Grab 16 A/40-41; Joachim Ringelnatz (1883–1934), Dichter, Grab 12 D-21; Franz Ullstein (1868–1945), Verleger, Grab 8 D-7-10 – Besonders sehenswerte Begräbnisstätte (Architekten

Ernst Lessing und Franz Brehmer, Skulptur: Josef Thorak); Grethe Weiser (1903–1970), Schauspielerin, Grab 18 L-228/9; Klausjürgen Wussow (1929–2007), Schauspieler, Grab Erb 2D – 2

Ebenfalls sehenswert ist die modern gehaltene Familiengruft Seidler mit einer Skulptur von Volkmar Haase.

Weitere bekannten Personen (aufgezählt werden aus Platzgründen nur bislang nicht aufgeführte aktuelle und ehemalige Ehrengräber des Landes Berlin): Wilhelm Ahrens (Politiker), Conrad Ansorge (Komponist), Hermann Bamberg (Politiker), Marcus Behmer (Grafiker), Arnold Berliner (Physiker), Leo Blech (Komponist), Werner Bloch (Philologe), Michael Bohnen (Sänger), Alfred Braun (SFB-Intendant), Ferdinand Bruckner (Schriftsteller), Erich Buchholz (Maler), Theodor Däubler (Dichter), Alexander Dehms (Politiker), Frida Deman-Leider (Kammersängerin), Günter von Drenkmann (Politiker), Bill Drews (preußischer Innenminister), Fritz Dylong (Politiker), Edyth Edwards (Schauspielerin), Leonore Ehn (Schauspielerin), Dietrich Fischer-Dieskau (Künstler), Max Jakob Friedländer (Kunsthistoriker), Thea von Harbou (Schriftstellerin), Maximilian Harden (Schriftsteller), Alfred Helberger (Maler), Hermann Jansen (Architekt), Victor de Kowa (Schauspieler), Michiko de Kowa-Tanaka (Schauspielerin), August Kraus (Maler), Leopold Langstein (Arzt), Karl Heinz Martin (Theaterintendant), Hermann Minkowski (Mathematiker), Oskar Minkowski (Arzt), Heinz Otterson (Maler), Albert Panschow (Politiker), Josef Pelz von Felinau (Schriftsteller), Heinrich Schnee (Gouverneur Deutsch-Ostafrika), August Scholtis (Schriftsteller), Carl Schuhmann (Sportler), Leonard Steckel (Schauspieler), Alexander Voelker (Politiker), Paul Wegener (Schauspieler), Kurt

Loriot, 1988

Wegner (Politker), Agnes Windeck (Schauspielerin) und viele Prominente ohne Ehrengrab-Status mehr.

Sausuhlensee in der Mitte des Friedhofs Heerstraße

Trakehner Allee

Die Trakehner Allee wurde 1923 nach dem berühmten ehemaligen ostpreußischen Gestüt benannt. Sehenswert in der Trakehner Allee ist neben dem Berliner Olympiastadion der schon erwähnte Friedhof Heerstraße. An der Trakehner Allee/Ecke Heilsberger Allee, dort wo sich heute der Pflanzenmarkt befindet, sollte um 1960 ein Westberliner Fernsehturm gebaut werden. Kurz nach dem Zweiten Weltkrieg gab es hier eine Begräbnisstätte für britische Armeeangehörige, die extra für den Fernsehturmneubau zur Heerstraße verlegt wurde (siehe British Berlin War Cemetery). Man entschied sich aber gegen einen Turmneubau an der Trakehner Allee und für einen provisorischen Sendemast am Scholzplatz.

Hauptgestüt Trakehnen, 1931

Der Ortsname Trakehnen dürfte einer der heute noch bekanntesten Ostpreußens sein. Berühmt wurde das Gestüt Trakehnen durch die dort gezüchtete warmblütige Pferderasse, die „Trakehner“. Die Pferdezucht wurde

1731 vom Soldatenkönig Friedrich Wilhelm I. als preußisches Hauptgestüt gegründet. Heute ist in dem seit 1945 russischen Jasnaja Poljana (Ясная Поляна) nicht mehr viel von der Pferdezucht-Tradition übrig geblieben. Der Tourist findet nur noch das alte Tor zum Gestüt und ein kleines Museum in der Landwirtschaftsschule vor, in dem an den einstigen Stolz des Dorfes erinnert wird.

▶ *Olympiastadion*

In den Jahren 1934–1936 wurde das von Werner March entworfene neue Stadion auf dem Reichssportfeld errichtet. In der bis zu 302 Meter langen und 227 Meter breiten Ellipse sollten bis zu 100.000 Besucher Platz finden (heute fasst das umgebaute Stadion 76.000 Zuschauer). Für NS-Bauten typisch wurde die Anlage besonders monumental errichtet und die Fassade mit Muschelkalk verkleidet.

Im Jahre 1912 wurde an der Stelle des heutigen Olympiastadions das „Deutsche Stadion" nach Plänen von Werner Marchs Vater Otto für 33.000 Zuschauer errichtet. Es war im Hinblick auf die für 1916 in Berlin angedachten olympischen Spiele erbaut worden. Der Erste Weltkrieg verhinderte aber die beabsichtigte Nutzung als Austragungsort. Hitler ließ 1934 das Deutsche Stadion abreißen, um Platz für ein repräsentativeres Stadion zu schaffen, denn Berlin erhielt als Ersatz für die ausgefallenen Spiele 1916 für das Jahr 1936 wieder den Zuschlag für Olympia.

Vor dem Haupteingang des heutigen Stadions befindet sich das „Olympische Tor" mit Bayern- und Preußenturm, auf der Westseite gelangt man durch das Marathontor

Olympiastadion, vom Glockenturm aus gesehen, 2012

auf das Maifeld mit dem Glockenturm. In den Jahren 1974 und 2000–2004 erfolgten umfangreiche Umbauten des Stadions, in dem 2006 auch die Fußball-Weltmeisterschaft ausgetragen wurde. Das Olympiastadion ist Heimat des Berliner Fußballclubs Hertha BSC.

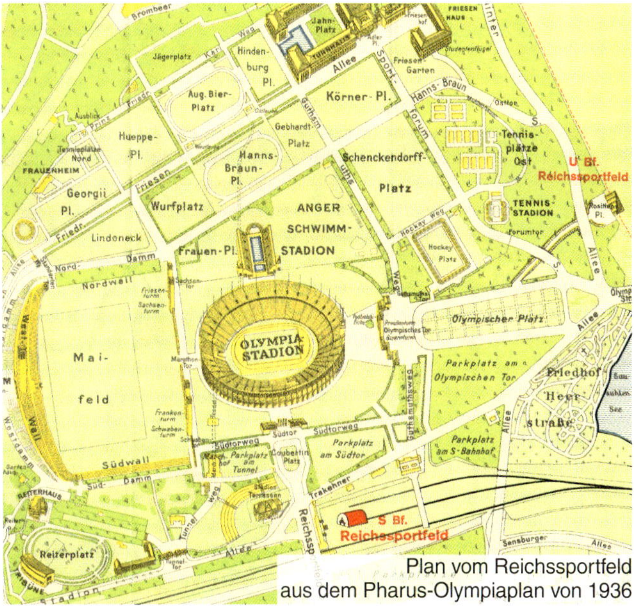

Plan vom Reichssportfeld aus dem Pharus-Olympiaplan von 1936

Rossitter Weg

Seit 1936 heißt der kleine Fußweg vom U-Bahnhof zum Olympiastadion, der heute an vielen Wochenenden von Tausenden von Fußballfans bevölkert wird, nach dem kleinen Dorf Rossitten auf der Kurischen Nehrung. Das heute russische Rybatschi (Рыбачий) ist malerisch von Wanderdünen umgeben. Eine bekannte Vogelwarte existierte hier bis 1945. Sie wurde 1901 durch die Deutsche Ornithologische Gesellschaft gegründet. Mit Kriegsende zogen die Vogelkundler nach Radolfzell am Bodensee um. Außerdem unternahm Pionier Ferdinand Schulz 1924 in Rossitten seine Segelflugversuche. Touristisch

Besteigen der Wanderdüne bei Rossitten, um 1930

konnte der Ort nach 1945 nicht an die Bedeutung von vor dem Krieg anknüpfen. Seit 1990 liegt Rossitten im russisch-litauischen Grenzgebiet.

▶ ***U-Bahnhof Olympia-Stadion und U-Bahn-Museum***
Direkt am Rossitter Platz liegt der von Alfred Grenander entworfene und 1922 errichtete U-Bahnhof Olympia-Stadion. Bereits am 8. Juni 1913, als Kaiser Wilhelm II. unweit das „Deutsche Stadion" eröffnete, wurde eine provisorische U-Bahnstation angelegt. Aber erst nach dem Krieg wurde ein repräsentativer U-Bahnhof notwendig. Zusammen mit dem Bahnhofsneubau wurde 1922 hier auch das größte elektromechanische Stellwerk Europas errichtet, welches bis 1983 in Betrieb blieb. U-Bahn-Enthusiasten verhinderten den Abbau des Stellwerks und richteten im Bahnhofgebäude das Berliner U-Bahn-Museum ein, welches mindestens einmal pro Monat geöffnet hat.

J-Bahnhof Reichssportfeld (heute Olympia-Stadion, U2)

Rominter Allee / Ruhleben

Die Rominter Allee hieß bis 23.4.1936 Straße 21. Sie beginnt am Olympischen Platz und führt am U-Bahnhof Olympia-Stadion vorbei bis nach Ruhleben.
Die heutige Passenheimer Straße hieß vom 27. Juni 1925 bis zum 23. April 1936 übrigens Rominter Allee.
Das einst preußische Jagdgebiet Rominter Heide heißt heute auf russisch Krasnij Les (Красный лес) und auf

polnisch Puszcza Romincka und ist ein riesiges Naturschutzgebiet beiderseits der Ostpreußen teilenden Grenze zwischen den polnischen Masuren und der russischen Oblast Kaliningrad.
Einst gingen hier Kaiser Wilhelm II. und später der selbst ernannte NS-Reichsjägermeister Hermann Göring auf die Pirsch. Das war sicher auch ein Grund, weshalb die Nazis die prominent vor dem Berliner Olympiastadion liegende Straße anlässlich der Olympischen Spiele 1936 nach dem Ort Rominten benannten.
Heute ist Rominten ein russischer Ortsteil Tollmingkehmens, in dem lediglich 400 Einwohner leben. Die Rominter Heide zählt zu den touristischen Hauptattraktionen der Oblast Kaliningrad.
Die Rominter Allee endet in der ebenfalls noch zum Bezirk Charlottenburg gehörenden **Siedlung Ruhleben**. Die Entwicklung Ruhlebens hängt unmittelbar mit der Armee zusammen: Im Jahre 1855 wurden hier die Königliche Infanterie-Schießschule Spandau und eine militärische Telegrafenschule eröffnet, außerdem gab es schon seit einiger Zeit einen Schießplatz. Im Jahre 1922 kaufte die Charlottenburger Baugenossenschaft eine Fläche von 35 Hektar des alten Schießplatzes vom Land Berlin und parzellierte Grundstücke. Inflationsbedingt meldete die Baugenossenschaft Konkurs an und verkaufte ihre Parzellen an private Siedler, die sich ab dem 8. Februar 1922 in der bis heute bestehenden Interessengemeinschaft der Eigenheimsiedlung Ruhleben e.V. organisierten.

Jagdhaus Rominter Heide (um 1915)

Siedlungshaus Stendelweg 48 (Architekt: Johannes Röhr, 1928)

Sehenswert in Ruhleben rechts und links der Rominter Allee sind die denkmalgeschützten Häuser Jasminweg 6 und 8 sowie Machandelweg 2, 3, 4, 7, 8 und 9, die alle zwischen 1922 und 1925 vom Baumeister Paul Schulz entworfen wurden. Auch der 1924 von Georg Potente angelegte Garten Machandelweg 9 ist heute denkmalgeschützt. Hervorzuheben in Ruhleben sind auch die Villa Jasminweg 7 (erbaut 1922–23, Architekt: Ernst Schneckenberg) und das Haus Machandelweg 11, das 1947 von Ernst Busse entworfen und bis 1950 unter der Leitung von Helmut von Lülsdorff erbaut wurde.

Für die Siedlungstätigkeit in Ruhleben ebenso charakteristisch sind die Häuser Stendelweg 48, erbaut 1928 (Architekt: Johannes Röhr), das Haus Stendelweg 50, welches 1926 unter August Klapproth errichtet wurde sowie die im gleichen Jahr erbauten Mehrfamilienhäuser im Machandelweg 15–19, die auf Entwürfe des Architekten Warthmüller zurückgehen.

Berühmte Bewohner Ruhlebens waren die beiden Schauspieler Viktor de Kowa (1904–1973) und Klausjürgen Wussow (1929–2007), die auf dem Friedhof Heerstraße begraben sind, sowie der Geophysiker Ott Christoph Hilgenberg (1896–1976).

Als Ersatz für die auf DDR-Gebiet liegenden Friedhöfe in Stahnsdorf wurde 1952 in Ruhleben eine 14 ha große Begräbnisstätte angelegt. Der neue **Friedhof Ruhleben** musste auch etwa 4.000 Gebeine aus den Massengräbern auf dem Gebiet des heutigen Messegeländes aufnehmen. Hier wurde 1945 eilig die Toten des Kampfes um Berlin beerdigt. Sehenswert sind das 1963 von Jan und Rolf Rave (s. Kranzallee/Grethe-Weiser-Weg) entworfene Krematorium und der seit 2003 auf dem Gelände befindliche buddhistische Friedhof. Außerdem

sind auf dem Friedhof die Schauspielerin Valeska Gert (1892–1978) sowie die beiden Schriftsteller Robert Wolfgang Schnell (1916–1986) und Arnold Słucki (1920–1972) begraben.
Statt der Rominter Allee bis zu ihrem Ende in Ruhleben zu folgen, biegen wir in die **Hanns-Braun-Straße** ein, die oberhalb des Murellenteiches zum Deutschen Sportforum führt. Hanns Braun (1886–1918) war übrigens einer der erfolgreichsten deutschen Leichtathleten der Kaiserzeit und nahm 1908 und 1912 an den Olympischen Spielen teil. Er fiel 1918 als Kampfflieger.

„Haus des Deutschen Sports". (1936)

▶ *Deutsches Sportforum*

Als Teil des Olympiageländes wurde in den Jahren 1935/36 das von Werner March entworfene „Deutsche Sportforum" errichtet. Bereits 1926 gab es Pläne für den Neubau des „Hauses des Deutschen Sports", das ab 1933 Sitz des sog. NS-Reichssportführers war. Besonders markant an dem Gebäude sind die große Halle, in der 1.200 Personen Platz finden, mit einer 17 Meter hohen Kuppel, sowie die für NS-Bauten typische Säulen- oder Ehrenhalle. Von 1945–1994 diente das Gebäude als Hauptquartier der britischen Alliierten, heute befinden sich im Haus das Sportmuseum sowie verschiedene Sportverbände.

Graditzer Allee (heute Friedrich-Friesen-Allee)

Graditz liegt bei Torgau, eine sächsische Kleinstadt an der Elbe. Die Graditzer Allee erhielt am 27. Juni 1925 ihren Namen und war im Viertel die bis dato einzige nach einem Ort außerhalb Ostpreußens benannte Straße (vorher Straße 9a). Dennoch gibt es ein verbindendes Element: Graditz war damals neben dem ostpreußischen Trakehnen eines der beiden wichtigsten Gestüte Preußens. Es wurde 1722 von August dem Starken für den sächsischen Marstall gegründet, 1815 kam Graditz dann zu Preußen. Noch heute werden in Graditz sog. Vollblutpferde gezüchtet. Am 23. April 1936 erhielt die Graditzer Allee den Namen Friedrich-Friesen-Allee. Friesen war einer der Väter der deutschen Sportbewegung.

▶ ***Waldbühne***

Die Waldbühne wurde 1936 als „Dietrich-Eckart-Freilichtbühne" in Anlehnung an ein antikes Amphitheater hauptsächlich für Boxkämpfe errichtet. Nach dem Krieg wurde die 22.000 Zuschauer fassende Waldbühne vor allem als Konzertveranstaltungort bekannt. Nach einem Rolling-Stones-Konzert 1965 musste sie aber – vollkommen demoliert – vier Jahre lang restauriert werden. Seit 1982 schwebt über der Bühne das markante weiße Zeltdach.

Nationalsozialistische Veranstaltung
in der Dietrich-Eckart-Freilichtbühne (heute Waldbühne), um 1936

Passenheimer Straße / Brücke

Die Passenheimer Straße bekam erst am 5. Februar 1937 ihren Namen. Von 1925 bis 1936 hieß die Straße ursprünglich „Rominter Allee", vor 1925 war sie die Straße 8. Die Passenheimer Brücke wurde im April 1936

benannt. Das 1906–1909 erbaute Reiterhaus der Rennbahn Grunewald wurde 1906 von Otto March entworfen, dem Vater des Erbauers des Olympiastadions Werner March. Das Reiterhaus (Nr. 30) ist heute denkmalgeschützt.
Da im Ersten Weltkrieg die nahegelegene Kreisstadt Ortelsburg zerstört wurde, gewann das verschlafene Städtchen Passenheim kurzzeitig an Bedeutung. Im Zweiten Weltkrieg wurde wiederum Passenheim stark in Mitleidenschaft gezogen. Die Lage inmitten der polni-

Passenheim, Marktplatz mit Rathaus und Kriegerdenkmal, um 1930

schen Masuren ist zwar touristisch sehr reizvoll, aber die Strukturschwäche der Region machte sich auch hier nach der politischen Wende in Polen bemerkbar: Viele Einwohner wanderten ab und 1997 verlor das polnische Pasym die Stadtrechte. Heute leben hier nur noch etwa 5.000 Einwohner. Die Passenheimer Straße mündet an ihrem nördlichen Ende in den „Platz am Glockenturm“, auf dem die Glockenturmstraße und die Friedrich-Friesen-Allee beginnen. Bei Großveranstaltungen in der Waldbühne wird der Platz regelmäßig zur Partyzone, da viele Gäste noch ihre mitgebrachten Getränke vor Einlass in die Waldbühne leeren oder in der Warteschlange feiern.

▶ *Glockenturm*

Gegenüber der Waldbühne steht der 77 Meter hohe Glockenturm, der vom Architekten des Olympiastadions Werner March entworfen und in den Jahren 1934–1936 auf dem Sockel der monumentalen Langemarckhalle errichtet wurde. Der Glockenturm wurde im Krieg stark zerstört und 1948 von den Alliierten gesprengt. Er war ein unbeliebtes Bauwerk, sollte doch der solitär stehende Turm einst die Macht Adolf Hitlers symbolisieren. Aber bereits in den 1950er Jahren entschied sich die Stadt Berlin für den Wiederaufbau unter der Leitung Werner Marchs.

Olympiastadion und Glockenturm (1936)

Sarkauer Allee

Die kurze Allee heißt seit dem 26. Juli 1927 nach Sarkau, davor war es die Straße Nr. 3. Das Dörfchen Lesnoi (Лесной), wie Sarkau heute auf russisch heißt, liegt an der schmalsten Stelle der Kurischen Nehrung und zählt gerade einmal 500 Einwohner. Bekannt war die ärmliche Region um Sarkau einst wegen der „Krähenbeißer", also Einwohnern, die Krähenvögel aßen und ihnen zuvor die Köpfe abbissen. Die Krähen hielten zum Teil sogar Einzug auf den Speiseplan einiger Hotels des späteren Badeorts. Heute lebt der einstige Fischerort von einem beschaulichen, meist innerrussischen Tourismus. Es gibt ein Heimatmuseum und sogar ein Büro für Ökotourismus. Auf vielen his-

Sarkau, Fischerboote, um 1935

torischen Ansichtskarten Sarkaus sieht man oft vor den Häusern zum Trocknen aufgehängte Flundern hängen (s. Bild).

Sarkau, Einsammeln der zum Trocknen aufgehängten Flundern

Der westliche, verkehrsberuhigte Teil der Sarkauer Allee wurde 2006 nach Elsa Rendschmidt, der ersten deutschen Olympiamedaillengewinnerin von 1908, benannt. In der Sarkauer Allee standen bis 2013 nur zwei Beamtenwohnhäuser der Deutschen Reichsbahn, in denen bis 1945 vor allem Betriebsassistenten, Schaffner, technische und kaufmännische Angestellte der Reichsbahn wohnten. Derzeit werden nebenan neue Häuser gebaut.

Unweit der Sarkauer Allee an der Glockenturmstraße, die übrigens seit dem 23. April 1936 ihren Namen trägt (vorher Straße 4/4a) befindet sich das Zugangsbauwerk des sich unter dem Ostpreußenviertel befindenden unterirdischen **Erdgasspeichers**. Der Speicher wurde 1992 angelegt, um mögliche (z.B. jahreszeitlich bedingte) Verbrauchsschwankungen beim Erdgas auszugleichen. Ein weiterer, politischer Grund für die Anlage des Speichers war, dass die Westalliierten verlangten, Westberlin dürfe erst dann die Versorgung auf russisches Erdgas umstellen, wenn ein solcher Speicher errichtet werden würde. Damit sollte verhindert werden, dass bei einem Lieferstopp kurzfristig Versorgungsengpässe auftreten. Die Erinnerung an die Berlin-Blockade 1948/49 war anscheinend noch recht stark. Heute werden in dem etwa 800 Meter unter der Erdoberfläche und in vielen Ton-, Kalk- und Salzschichten liegenden sog. Aquiferspeicher etwa 135 Mio. m^3 Erdgas gelagert. Das entspricht etwa einem Fünftel des Berliner Jahresverbrauchs.

Ebenfalls lohnt ein Abstecher von der Glockenturmstraße in die Murellenschlucht. Gleich hinter der Waldbühne beginnt der **Schanzenwald**, ein schon seit dem 19. Jahrhundert als Truppenübungsgelände und Schießplatz

genutzter Rest des Grunewalds. Die Briten übten hier seit den 1970er Jahren in ihrer „Ruhleben Fighting City“ den Häuserkampf, heute proben hier die Berliner Polizei, die Feuerwehr und das THW ihre Einsätze. Auf dem Gelände sind zu Übungszwecken zahlreiche Wohnhäuser (teilweise fünfstöckig), ein Supermarkt, eine Tankstelle und eine Tiefgarage nachgebaut worden.
Die Nazis vollzogen ab 1939 im Schanzenwald Hinrichtungen von Deserteuren und sog. „Wehrkraftzersetzern“. In Erinnerung an die Gräueltaten stehen Verkehrsspiegel entlang des Weges. Die 2002 von der Künstlerin Patricia Pisani am **Murellenberg** aufgestellten „Denkzeichen“ sollen an die NS-Hinrichtungsopfer erinnern.
Wir überqueren auf unserem Rundgang am S-Bahnhof **Pichelsberg** die Gleise der S-Bahnlinie nach Spandau. Als im Jahre 1911 die heutige S-Bahnstrecke eröffnet wurde, entstand an der Schirwindter Allee/Ecke Tharauer Allee ein vom Architekten Ernst Schwartz im Stile eines Landhauses entworfenes Bahnhofsgebäude. In der Bahnhofshalle gab es fünf Fahrkartenschalter und sogar

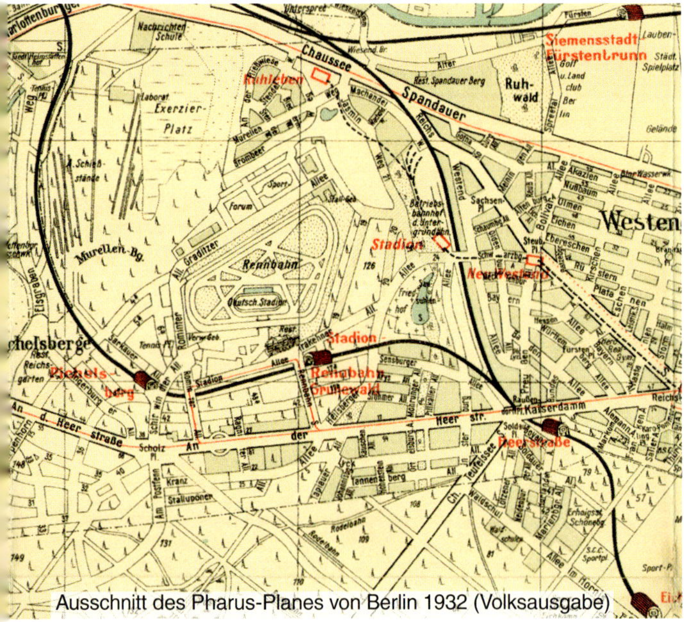

Ausschnitt des Pharus-Planes von Berlin 1932 (Volksausgabe)

eine Gepäckannahme – ein Dienst am Fahrgast, von dem heute kaum jemand mehr zu träumen wagt. Der Stationsvorsteher wohnte mit im Bahnhof, allerdings unter der Schalterhalle am Hang. Das alte Bahnhofsgebäude wurde im Krieg stark zerstört, es blieben nur Reste übrig. Von 1980 bis 1998 gab es in Pichelsdorf keinen S-Bahnverkehr (siehe Geschichte der S-Bahnstrecke nach Spandau), die Reste des alten Bahnhofs wurden in den 1990er Jahren abgetragen.
Die Bezeichnung „**Pichelsberg**" geht – genauso wie Pichelsdorf und Pichelswerder – auf die hier vor Jahrhunderten durchgeführte Pechgewinnung zurück. Bekannt war Pichelsberg durch das Ausflugslokal „Reichsgarten" (erbaut 1873 an der heutigen Angerburger Allee/Ecke Havelchaussee) sowie durch die beiden Gasthöfe Kaisergarten (heute leerstehend) und Seeschlösschen (erbaut 1898, heute Filmstudio) am Stößensee. Vom S-Bahnhof Pichelsberg lassen sich wunderbar Ausflüge an die Havel beginnen (siehe Touren 3 und 4 in diesem Band).

▶ *Geschichte der S-Bahnstrecke nach Spandau*

Im Jahre 1907 wurde mit ersten Arbeiten für den Bau einer Vorortbahnstrecke von Berlin nach Spandau begonnen. Die Tatsache, dass zusätzlich zu den bereits bestehenden Bahnverbindungen (über Jungfernheide sowie an Ruhleben vorbei) eine weitere Linie geplant war, hatte zwei Gründe, die man am Verlauf der heutigen S-Bahnlinie 5 ablesen kann: Zum einen sollte der nördliche Grunewald bebaut werden, und die Siedlungsentwicklung von Berliner Vororten ging seit den 1890er mit dem Bau von Vorortbahnlinien einher (wie beispielsweise in Nikolassee oder Karlshorst). Zum anderen wurden umfangreiche Sportanlagen gebaut, u.a. im Hinblick auf die olympischen Spiele, die 1916 in Berlin ausgetragen werden sollten. 1909 fuhren erste Züge während Großveranstaltungen zum Bahnhof Rennbahn (heute Olympiastadion), und ab 1911 gab es erstmals regulär verkehrende Züge, als die Strecke durchgehend bis Spandau fertiggestellt worden war. Ab August 1928 ging es dann im Fünf- oder Zehnminutentakt mit moder-

S-Bahnhof Heerstraße, 2013

nen elektrischen S-Bahnzügen von Charlottenburg kommend mit Halt an den Bahnhöfen Ausstellung (heute Westkreuz), Eichkamp (heute Messe Süd), Heerstraße, Rennbahn (heute Olympiastadion), Pichelsberg, Spandau Hbf. (heute Stresow) bis nach Spandau-West (bei Rathaus Spandau). Nach dem sog. „Reichsbahnerstreik" 1980 in Westberlin (die Westberliner S-Bahn wurde bis 1984 von der DDR-Reichsbahn betrieben, was zu einem weitestgehenden Boykott der S-Bahn durch die Westberliner Bevölkerung führte) stellte die DDR-Reichsbahn den S-Bahnverkehr auf der auch Olympia- oder Grunewaldbahn genannten Strecke ein. Erst 1998 konnte die Linie wiedereröffnet werden.

Tharauer Allee

Die Straße wurde erst in den 1950er Jahren für das Neubaugebiet Angermünder Allee angelegt. Passend zu den umliegenden Straßen bekam die Straße am 21. August 1958 den Namen eines ostpreußischen Ortes. Das kleine Dörfchen Tharau liegt heute in der russischen Oblast Kaliningrad und heißt seit 1946 Wladimirowo

Tharau, Kirche und Pfarrhaus, um 1910

(Влади́мирово). Bekannt wurde der unscheinbare Ort durch eine Pfarrerstochter namens Anna, die 1615 hier geboren wurde und der der Dichter Simon Dach ein Gedicht widmete, das später als ostpreußisches Volkslied berühmt wurde. In Königsberg gab es vor dem Krieg auch eine Statue des „Ännchens von Tharau“.

Angerburger Allee

Die Angerbuger Allee ist den Berlinern heute durch die imposante Hochhaussiedlung „Belvedere“ bekannt. Die Straße erhielt aber bereits am 27. Juni 1925 ihren Namen. Die Hochhaussiedlung an der Angerburger Allee wurde von Werner Düttmann zwischen 1968 und 1970 entworfen, in Zusammenarbeit mit den Architekten Eckard Grassow, Werner Schulze zur Wiesche und Peter Werner. Düttmann, lange als Senatsbaudirektor in den 1960ern tätig, gilt als Vater vieler markanter Westberliner Nachkriegsbauten. Um nur einige zu nennen: Die Mensa der TU, das Brücke-Museum, die Akademie der Künste, das alte Ku'damm-Eck, die Katholische Kirche im Märkischen Viertel, die Wohnblöcke rund um den Mehringplatz, das Neue Kreuzberger Zentrum (NKZ) am Kottbusser Tor sowie die Verkehrskanzel Joachimsthaler Straße/Ecke Ku'damm.
Die Häuser an der Angerburger Allee 3-55 weisen bis zu 21 Etagen auf, unterteilen sich in einen Nord-Süd- und einen Ost-West-Flügelbau aus Stahlbeton mit Flachdach. Im Erdgeschoss gibt es eine Ladenpassage mit Restaurants und Einrichtungen des täglichen Bedarfs, außerdem verfügt die Anlage über eigene Tennisplätze.

Angerburg, Eissegelregatta auf dem Schwenzaitsee

Südseite der Belvedere-Siedlung kurz nach Fertigstellung 1971

Im Jahre 1933 ist in der Angerburger Allee nur das Haus des Fuhrunternehmers F. Schleusner verzeichnet, ansonsten wurde die Straße wohl hauptsächlich von Ausflüglern vom Bahnhof Pichelsberg zum Stößensee frequentiert (s. Pichelsberg).
Inmitten der Masuren liegt die Stadt Angerburg. Für den Fremdenverkehr hatte es zu deutschen Zeiten große Bedeutung, u.a. durch die Eissegel-Meisterschaften (s. Foto S. 31) und aufgrund einer landschaftlich reizvollen Schiffsverbindung über die Angerapp. Auch heute hat die Stadt, polnisch Węgorzewo genannt, touristische Qualitäten. Städtebaulich ist aber nicht viel Sehenswertes übrig geblieben, die Stadt wurde in den letzten Kriegstagen von der Roten Armee zu 80% zerstört. Heute liegt sie unweit der polnisch-russischen Grenze.

Schirwindter Allee

Die Straße erhielt 1925 den Namen „Schirwinder Allee“, 1927 wurde der Straßenname in die heutige Schreibweise korrigiert. Namensgeber für die Schirwindter Allee war ein kleiner Ort, den es heute nicht mehr gibt. Im Ersten Weltkrieg wurde er bereits stark in Mitleidenschaft gezogen. Im Zweiten Weltkrieg wurde das Dörfchen als erster deutscher Ort im Oktober 1944 von der Roten Armee erobert und die Bewohner bekamen als erste den Wut und Hass der Sowjets gegenüber Nazideutschland zu spüren. Nach dem Krieg wurde der 1944 fast komplett zerstörte Ort aufgrund seiner Grenzlage zu einem Militärposten. Außer Resten der alten Schule erinnert heute nichts mehr an die Wüstung Schirwindt, die russisch Kutusowo (Кутузово) genannt wird.

Das zerstörte Schirwindt, 1915

In der Schirwindter Allee stand 1936 nur das „Paschke'sche Haus“, das im Besitz der Deutschen Reichsbahn war und in dem der Gastwirt H. Paschke als Mieter aufgeführt ist. Vermutlich handelte es sich hierbei um eine Bahnhofsgaststätte.
Die Schirwindter Allee queren wir und laufen entlang des Dickensweges in Richtung Flatowallee. Dieses Gebiet war vor 1945 weitgehend unbebaut geblieben. Nach dem Krieg wurden eilig provisorische sog. „Nissenhütten“ für durch Bombenangriffe wohnungslos gewordene Berliner oder für Vertriebene aus den seit 1945 zu Polen und der Sowjetunion gehörenden Ostgebieten aufgestellt. Noch 1956, wie das Foto belegt, waren diese Hütten bewohnt. Nach dem Abbau der Nissenhütten requirierten die britischen Alliierten die noch nicht bebauten Geländeflächen nördlich und südlich der Heerstraße zum Bau von Wohnungen für Militärangehörige. Es wurden ab 1954 Typenhäuser (Architekten Rudolf Ullrich, Alfred Gellhorn, Leo Lottermoser) entworfen, die bis 1958 fertiggestellt werden konnten. Außerdem baute man 1967 zwischen der Passenheimer Straße und der Ragniter Allee das *British Military Hospital Berlin*. Nach dem Abzug der Alliierten

Nissenhütten Passenheimer Straße/Ecke Heerstraße, 1956

wurde es grundsaniert und 1995 als Paulinenkrankenhaus in privater Trägerschaft wiedereröffnet.
Die Straßen in der britischen Militärsiedlung zwischen Schirwindter Allee und Passenheimer Straße tragen Namen englischsprachiger Schriftsteller:
Scottweg (Name seit 25. Oktober 1955, vorher Straße 42a): Benannt nach dem schottischen Autor Walter Scott, der als Gründer des Historienromans gilt.
Dickensweg (Name seit 25. Oktober 1955, vorher Straße 42): Namensgeber ist der britische Schriftsteller Charles Dickens. In den Häusern Dickensweg 17–19 befindet sich heute die britische Schule Berlin.
Swiftweg (Name seit 25. Oktober 1955) nach dem irischen Autor Jonathan Swift, der u.a. den Roman „Gullivers Reisen“ verfasste.
Brontëweg (Name seit 1. Juli 1967), benannt nach den Schriftstellerschwestern Anne, Charlotte und Emily Brontë, die im 19. Jahrhundert lebten.

Ragniter Allee

Die Straße heißt seit 1925 nach Ragnit, vorher trug sie lediglich die Nummer 43. Der Ort Ragnit heißt heute russisch Neman (Неман), so wie der Fluss Memel, an dem die fast 12.000 Einwohner große Stadt liegt. Die Stadtgründung geht auf eine prußische Burg zurück, die später vom Deutschen Orden übernommen wurde und 1829 abbrannte. Heute liegt die Stadt mit der markanten Burgruine direkt an der russisch-litauischen Grenze.
Im Jahre 1936 lebten in der Nr. 3 der „Filmmanager“ A. Holländer und der Direktor Steangholt. Es stand damals

Ragnit, Luftbild um 1930

nur noch ein weiteres Haus (Nr. 4), dort ist im Adressbuch Kaufmann G. Riedner aufgeführt.

Haus Ragniter Allee 1

Flatowallee

Die Flatowallee hieß bis 1997 Reichssportfeldstraße (davor von 1914 bis 1926 Rennbahnstraße). Benannt wurde sie nach Alfred Flatow und seinem Vetter Gustav Flatow. Die beiden Flatows waren vor dem Krieg erfolgreiche Turnsportler. Aufgrund ihres jüdischen Glaubens wurden sie im Dritten Reich verfolgt und starben im KZ Theresienstadt.

Flatow ist aber auch der Name eines westpreußischen Landkreises, der nach dem Ersten Weltkrieg zur Hälfte und nach dem Zweiten Weltkrieg ganz zu Polen kam. Durch die Kreisstadt Flatow führt die historische Ostbahn von Berlin nach Königsberg. Die Stadt heißt heute auf polnisch Złotów. Sie wurde zwar im Zweiten Weltkrieg stark zerstört, doch die frühere evangelische Kirche, die von Schinkel erbaut wurde, sowie einige in den letzten Jahren sanierte Straßenzüge der Altstadt blieben erhalten.

Im Haus Nr. 5 wohnte der Pathologe Professor Robert Rössle (1876–1956). Rössle war von 1929–1948 Lehrstuhlinhaber der Charité. Ab 1942 war er im Heeressanitätssenat und dort auch an Menschenversuchen für die Luftwaffe beteiligt, aber nie NSDAP-Mitglied. In den 1950er Jahren wurde er deshalb an der Humboldt-Universität weiterbeschäftigt und war u.a. Herausgeber von wichtigen pathologischen Lehrbüchern. 1949 erhielt er den Nationalpreis der DDR und 1952 das Bundesverdienstkreuz. In Berlin-Buch sind eine Straße und ein Klinikgebäude nach ihm benannt worden.

Denkmalgeschützt sind die Häuser Nr. 20 (erbaut 1933–34 nach Plänen der Architekten Otto von Estorff und Gerhard Winkler) und das alte Polizeirevier 123 in der Nr. 22, das 1930–31 von Richard Scheibner entworfen wurde. Im Jahre 1936 lebte in dem Haus der Wachtmeister Heimann, heute befinden sich hier Büros. Ebenfalls sehenswert ist das 1909 unter der Leitung der Architekten Dörgé und Schwarz errichtete und 1936 umgebaute Bahnhofgebäude des S-Bahnhofs Olympiastadion. In der Nr. 7–9 wohnte Landgerichtsrat W. Schenk, in der Nr. 13 der Direktor G. Neubauer, im Haus Nr. 14 lebte 1936 der Architekt Dr. R. Riedel und in der Nr. 18 der Architekt H. Klunke. Das Haus Nr. 23 gehörte der Engelhardt-Brauerei Charlottenburg – hier lebte und arbeite 1936 die Gastwirtin Frieda Springer.

Heilsberger Allee

Wie die Arysallee und die Stuhmer Allee erhielt am Silvestertag 1923 auch die Heilsberger Allee ihren Namen. Heilsberg war ein ostpreußischer Landkreis. Die Kreisstadt Heilsberg hatte 18.000 Einwohner und liegt in der historischen Region Ermland-Masuren. Heilsberg gehört heute zu Polen und heißt Lidzbark Warmiński. Der Ort liegt in einer Flussschleife und galt lange Zeit als schönste Stadt Ostpreußens. Im Zweiten Weltkrieg wurde Heilsberg deutlich geringer als andere Orte der Region zerstört, sodass heute noch ein Besuch lohnt: In der Altstadt stehen sogar noch einige historische Straßenzüge komplett – für die Region eine Seltenheit. Auch diverse Kirchen, Stadttore und das Schloss sind gut erhalten.
Im Jahre 1933 war die gesamte Heilsberger Allee im Viertel noch eine einzige Baustelle. Einzig das Friedhofsverwaltungsgebäude war bewohnt.

Heilsberg, Gesamtansicht um 1925

▶ *Le-Corbusier-Haus*

Le-Corbusier-Hochhaus

Als die Internationale Bauausstellung 1953 im Berliner Hansaviertel stattfand, wurde auch der progressive Schweizer Architekt Le Corbusier (1887-1965) eingeladen, ein Haus des von ihm erfundenen Bautyps „Unité d' Habitation“ in Berlin zu errichten. Das geplante Haus war aber für den ursprünglich geplanten Standort Hansaviertel viel zu wuchtig, weshalb ein neuer Bauplatz außerhalb der Innenstadt gesucht wurde: Die Wahl fiel auf den sog. „olympischen Hügel“ zwischen Heilsberger Allee und Flatowallee (auch „Heilsberger Dreieck“ genannt). In extrem kurzer Bauzeit wurde von 1956–1958 das 141 Meter lange, 53 Meter und 17 Etagen hohe sowie 528 Wohnungen fassende Riesenbauwerk fertig gestellt. Allerdings änderte der Senat die Pläne Le Corbusiers etwas ab (z.B. die Deckenhöhe der Wohnungen wurde von 2,26 auf 2,50 m erweitert), weshalb sich der Architekt vom Bau distanzierte.

Anwohner-Protest, Mai 1956

Stuhmer Allee

Zum Jahreswechsel 1923/24 erhielt die Stuhmer Allee ihren Namen. Der Landkreis Stuhm gehörte eigentlich bis 1922 zur Provinz Westpreußen. Nach dem Versailler Vertrag gab es aber in der Region eine Volksabstimmung, ob die Bevölkerung der Landkreise lieber im Deutschen Reich verbleiben will oder zum neugegründeten Polen zugehörig sein möchte. Im Gegensatz zum Großteil Westpreußens (in dem die Deutschen in vielen Landkreisen nur eine Minderheit darstellten) votierten die

Villa Stuhmer Allee 12

Stuhmer Einwohner für Deutschland, sodass dieser Kreis als einer der wenigen der einstigen Provinz Westpreußen deutsch blieb, aber verwaltungstechnisch an Ostpreußen angegliedert wurde. Seit 1945 ist auch Stuhm so wie der verbliebene Rest Westpreußens polnisch geworden. Die Kreisstadt heißt nun Sztum und hat etwa 10.000 Einwohner. Das Haus Nr. 1 gehörte 1936 der IG Farben, die Nr. 2 Rechtsanwalt Dr. R. Giehler. In der Nr. 5 befand sich das Verbindungshaus des sog. Corps „Pomerania-Silesia". Die Studentenverbindung ist 1903 in Berlin aus zwei „Corps" entstanden. Die Mitglieder studierten fast alle an der Technischen Hochschule Berlin. 1935 wurden Burschenschaften und Corps von den Nazis zwangsaufgelöst. Die Pomerania-Silesia wurde in den 1950er Jahren in Hannover neugegründet und residiert heute in Bayreuth. Die Eigentümer der Häuser 6 und 7 wollten im Adressbuch ungenannt bleiben und in der Nr. 12 lebte Fabrikdirektor W. Zeiß (ein Zusammenhang mit der optischen Industrie Carl Zeiss Jena konnte bislang nicht hergestellt werden).

Stuhm, Königliches Hochbauamt

Arysallee

Die Arysalle trägt auch seit dem Jahreswechsel 1923/1924 ihren Namen. Sehenswert ist das Haus Nr. 8, Architekt: Paul Ackermann. Das Örtchen Arys, heute polnisch Orzysz, hat nicht einmal 6000 Einwohner. Bekannt wurde der am Rande der Masuren gelegene Ort durch einen riesigen Truppenübungsplatz. Im Ersten und Zweiten Weltkrieg wurde Arys durch die russische Armee stark zerstört.

In der Arysallee 4 wohnte Lil Dagover (1887–1980), die 1916 als Stummfilmschauspielerin bekannt wurde und ab 1929 auch in Tonfilmen, wie u.a. „Melodie des Herzens“ einige Erfolge feierte.

Villa Arysallee 8

Das Haus 2 gehörte 1936 der „Deutschen Turnerschaft“, Haus 9 dem Fabrikbesitzer G. Reinz und Haus 10 dem Professor K. Hofmann. Die Deutsche Turnerschaft war von 1868 bis 1936 der Dachverband der bürgerlichen Turnvereine und geht auf Turnvater Jahn zurück. 1936 schalteten die Nazis die bürgerlichen Turnvereine (falls sie nicht verboten wurden, wie z.B. Arbeiterturnvereine) im Deutschen Reichsbund für Leibesübungen gleich.

Arys, Barackenlager (von Norden)

Mohrunger Allee

Die Mohrunger Allee bekam am 16. Januar 1925 ihren Namen, vorher hieß sie Straße 12. Sehenswert ist das Haus von der Schulenburg in der Nr. 2a, errichtet 1935 unter der Leitung des Architekten Heinrich Schweitzer. Vor dem Haus Nr. 5 (hier wohnte der Arzt Dr. Ostwald) beging 1944 ein deutscher Soldat auf einer Parkbank Selbstmord. Er war auf Heimaturlaub und wollte vermutlich nicht mehr zurück in den Krieg.

Der Kreis Mohrungen war der am westlichsten gelegene und der seenreichste Landkreis Ostpreußens. Die ein-

Villa Mohrunger Allee 3

stige Kreisstadt Mohrungen, heute polnisch Morąg, liegt in der Nähe der Stadt Elbing/Elbląg am berühmten Oberländischen Kanal, auf dem die Schiffe teilweise per Seilzug Höhenunterschiede über Land überwinden. Berühmtester Sohn der Stadt Mohrungen ist der Philosoph Johann Gottfried Herder.

Pillkaller Allee

Die Straße 13 wurde am 16. Januar 1925 nach der Stadt Pillkallen benannt. Lediglich 1.700 Einwohner zählt Dobrowolsk (Добровольск) heute noch. Das Dorf liegt in der russischen Oblast Kaliningrad. Vor dem Zweiten Weltkrieg war Pillkallen eine prosperierende Kreisstadt. Im Jahre 1938 wurde sie von den Nazis in den angeblich „deutscher" klingenden Ortsnamen Schloßberg umgetauft. Der alte Name Pillkallen geht auf eine prussische Burg zurück, kommt also – wie viele ostpreussische Ortsnamen – aus dem Baltischen. Die Stadt Pillkallen/Schloßberg wurde sowohl im Ersten als auch im Zweiten Weltkrieg während des Einmarschs der russischen Truppen stark zerstört.

Marktplatz von Schloßberg mit Hotel Breslauer Hof

Auf dem Grundstück Pillkaller Allee 1 befindet sich das 1966 vom Caritasverband und dem Verein Schlesischer Malteser-Ritter errichtete Krankenhaus für Patienten mit akuten und chronischen inneren Krankheiten. Das Haus hat einen geriatrischen Schwerpunkt. Im benachbarten Haus Birkengrund (Nr. 2) befindet sich ein Wohnheim für Menschen mit geistigen Beeinträchtigungen. Das Haus wird vom gemeindepsychiatrischen Verbund GPVA der von-Bodelschwinghschen Stiftungen Bethel betrieben.

Dem Adressbuch von 1936 nach zu urteilen, waren damals nur die Häuser Nr. 3 und 4 bewohnt. In der Nr. 3 lebte Direktor Dr. Colloseus und daneben in der Nr. 4 Generalleutnant Kaupsch.

Villa Pillkaller Allee 2

Heerstraße

Das Ostpreußenviertel wird durch die breite Heerstraße durchschnitten. Einst war sie als Döberitzer Heerstraße Hauptzubringer zwischen der Stadt Berlin und Truppenübungsplätzen rund um Elstal und Dallgow-Döberitz (heute Landschaftsschutzgebiet der Heinz-Sielmann-Stiftung). Im Nationalsozialismus wurde sie zur Ost-West-Achse und sollte als repräsentative Verbindung zwischen dem neuen Berliner Zentrum, dem Olympiagelände, der projektierten NS-Hochschulstadt rund um den Scholzplatz und dem Olympischen Dorf Elstal dienen. Zu Westberliner Zeiten war die Heerstraße Zubringer zum Grenzübergang Staaken, an dem die Transitstrecke nach Hamburg begann. Bis 1982 die Autobahn nach Hamburg fertiggestellt wurde, war die B 5 übrigens die einzige Landstraßen-Transitstrecke, auf der Westbürger auch mit dem Fahrrad die DDR durchqueren durften. Heute ist die Heerstraße eine stark befahrene Ausfallstraße (Bundesstraßen 2 und 5), die vielen Berlinern durch ihre „Grüne Welle" bekannt ist: Mittels eines altmodischen Verkehrsbeeinflussungssystems erfahren die Autofahrer, wie schnell sie fahren müssen, um bei Grün an der nächsten Ampel anzukommen. Außerdem können je nach Verkehrslage Fahrspuren für unterschiedliche Richtungen freigegeben werden, da die Heerstraße keinen Mittelstreifen besitzt.

1933 trug die Heerstraße auf dem Abschnitt zwischen dem Bahnhof Heerstraße und der Bezirksgrenze den Namen „An der Heerstraße" und war zwischen der Ragniter Allee und der Havel noch weitgehend unbebaut.

Im Haus Nr. 71 wohnte der Violinist Max Rostal. Er war Sohn einer jüdischen Kaufmannsfamilie und lehrte von

1928 bis zu seiner Emigration 1933 an der Berliner Hochschule für Musik. Ihm zu Ehren wird in Berlin alle drei Jahre der Max-Rostal-Preis für Violine und Bratsche vergeben. Rostal, der im Besitz einer Original-Stradivarigeige war, erhielt nach dem Krieg das Bundesverdienstkreuz.
Sehenswert sind die denkmalgeschützten Häuser Heerstraße 82 (entworfen von Johann Greifenhagen 1922/23; der Garten ist ebenfalls denkmalgeschützt), Nr. 86 (ebenfalls 1922–23 erbaut, Architekten: Stephan von Zamojski und Heinrich Iwan) und Nr. 90 (entworfen 1923/24 von Adolf Wollenberg und Karl Piepenburg, auch hier ist der 1924–31 von Otto Valentien und der Firma Ludwig Späth angelegte Garten denkmalgeschützt).
Das Haus Nr. 107 wurde in den Jahren 1923/24 von dem bekannten Architekten Erich Mendelsohn (s. Am Rupenhorn 6) für den Arzt Dr. W. Sternefeld entworfen. 1977 wurden das Haus grundlegend saniert und die Gartenanlage wiederhergestellt, nach dem das Grundstück jahrelang vernachlässigt wurde. Das Architekturbüro Fischer & Gottschalk baute in das Einfamilienhaus Wohnungen ein.

Heerstraße 107

Im Haus Nr. 127 wohnte 1933 der Kunstmaler Rudolf Bauer, der 1889 in Schlesien geboren wurde und an der Berliner Akademie der Künste studierte. Durch seine Frau lernte Bauer 1930 den Sammler Guggenheim kennen, der einige Werke Bauers erwarb. Bauer eröffnete kurz darauf in Charlottenburg ein eigenes Museum für abstrakte Malerei. In der Nazizeit galten seine Werke als „entartet“. Nach einer Verhaftung emigriert Bauer vor dem Krieg in die USA, wo er 1953 stirbt.
Bewohner 1933 (Auswahl): Haus Nr. 44: Berlinische Hoch- und Tiefbau GmbH; Haus Nr. 46: Sänger C. Jöken; Haus Nr. 69/69a: Ammoniakwerk Merseburg GmbH (Eigentümer, heute Leunawerke), Bewohner Dr. H. Oster (Ing.); Haus Nr. 73: L. Carsten, Zeitungsverleger; Haus Nr. 77: J. Klinger, Fabrikbesitzer; Haus Nr. 85: W. Eisen-

huth, Fabrikbesitzer; Haus Nr. 108 Architekt W. Wandersched (hier befand sich Ende der 1930er Jahre auch das mittlerweile abgerissene „Café An der Heerstraße“, heute Ragniter Allee 8). Haus Nr. 160: Wohnhaus des Forstamts Potsdam (abgerissen, heute Wohnanlage Angerburger Allee). In der Heerstraße wohnten in den 1930er Jahren außergewöhnlich viele Kraftwagenführer.

▶ *Die Straßenbahn durchs Ostpreußenviertel*

Eine Straßenbahnstrecke durch die Heerstraße? Heute kaum noch vorstellbar. Aber sie gab es: Sie befand sich seit 12. April 1927 zwischen der Hauptfahrbahn und der nördlichen Anrainerstraße auf dem heute noch existenten Grünstreifen. Von Hakenfelde über Rathaus Spandau nach Alt-Pichelsdorf und von dort (wie die heutigen Buslinien M49/X34) die Heerstraße entlang bis zum Reichskanzlerplatz (Theodor-Heuss-Platz), über die Masurenallee und Kantstraße bis zum Bahnhof Zoo bzw. zur Gedächtniskirche – das war von 1947 bis 1966 die Strecke der Linie 75. Vor dem Zweiten Weltkrieg fuhr die Linie 75 statt über die Kantstraße ab Reichskanzlerplatz den Kaiserdamm entlang weiter über den Großen Stern nach Berlin-Mitte. Vom 28. Juni 1914 bis April 1927 endete die Linie U bzw. 75 von der Stadt kommend am Bahnhof Heerstraße. Ansonsten wurde die Streckenführung der 75 nach dem Krieg fast unverändert beibehalten.

Linie 75 (Heerstraße), 1965

Ab 1959 kam die Linie 76 vom Spandauer Johannisstift zum Zoo auf der Heerstraßenstrecke hinzu. Zusätzlich gab es – für Großveranstaltungen im Olympiastadion oder in der Waldbühne – eine von der Heerstraße abgehende Wendeschleife für Sonderzüge, die durch die heutige Flatowallee, Jesse-Owens-Allee und Passenheimer Straße wieder zurück zur Heerstraße verlief. Diese Wendeschleife wurde 1936 für die Olympiason-

derlinien 104, 145 und 185 gebaut. Bis spätestens Ende Juni 1966 (einige Quellen sprechen von Ende Januar 1966) wurden dann aber alle Straßenbahnstrecken im Ostpreußenviertel – wie bis zum 2. Oktober 1967 dann alle Linien in Westberlin – stillgelegt.
Die Nazis planten für Ihre „Welthauptstadt Germania“ auch den Neubau vieler U-Bahnstrecken. Unter der Heerstraße war vorgesehen, die U-Bahnlinie F von Marzahn und Hohenschönhausen kommend bis nach Pichelsdorf zu bauen, von dort wäre es zum einen über die Spandauer Altstadt zum Johannisstift und zum anderen über Gatow nach Kladow weitergegangen.

Tour 2:
Vom S-Bahnhof Heerstraße durch das südliche Ostpreußenviertel zum Teufelssee, Teufelsberg, Drachenberg und zurück durch die Siedlung Heerstraße

8 km / 2 h

Ortelsburger Allee

Die Straße ist zwischen 1914 und 1916 vermutlich in Erinnerung an mehrere Schlachten, die im Ersten Weltkrieg bei Ortelsburg stattfanden, so benannt worden. Die heute Szczytno genannte Stadt liegt im Zentrum der polnischen Masuren und wurde im Ersten Weltkrieg von den einmarschierenden russischen Truppen stark zerstört. Heute befindet sich in der Nähe von Ortelsburg der internationale Flughafen der Masuren. Die heutige Chefin der Berliner Verkehrsbetriebe (BVG), Sigrid Nikutta, wurde 1969 in Szczytno geboren.
Sehenswert in der Ortelsburger Allee ist der Neubau der rumänisch-orthodoxen Kirche, deren

Rumänisch-orthodoxe Kirche

Ortelsburg, Markttreiben, in den 1930er Jahren

Gemeinde 2006 das Grundstück Nr. 1 kaufte und das bestehende Haus nach einem Teilabriss zu einem Gotteshaus umbauen ließ. Im Haus Nr. 2 lebte 1936 der Architekt Professor Otto Kuhlmann, der auch das Haus Lyckallee 34 entwarf.

Tannenbergallee

Vermutlich ist die für die kaiserlichen Truppen erfolgreiche Schlacht bei Tannenberg der Grund, weshalb die bisher unbenannte Straße im Herbst 1914 ihren Namen erhielt. Sehenswert sind die evangelische Friedenskirche (Nr. 6) und das Wohnhaus des Architekten Hans Poelzig in der Nr. 28.

Die Friedenskirche wurde von Emil Fangmeyer in den Jahren 1928–1932 entworfen. Für den Bau verwendete er ein altes Ateliergebäude, das 1916 von Georg Schmidt für den hier ansässigen Bildhauer Wandschneider errichtet wurde. Das Atelier wurde bereits ab 1925 von der evangelischen Gemeinde Heerstraße als „Notkirche" genutzt, die neue Kirche wurde am 9. Oktober 1932 geweiht. Ursprünglich sollte eine Kirche neben dem Gemeindehaus Kranzallee 13 errichtet werden, aber nach 1928 entschied man sich für das Grundstück in der Tannenbergallee.

Evangelische Friedenskirche

Tannenberg liegt in den Masuren und heißt heute auf Polnisch Stębark. Das Dorf erlangte traurige Berühmtheit durch zwei große Schlachten: 1410 unterlag hier der Deutsche Orden dem polnisch-litauischen Heer und 1914 besiegten an fast der gleichen Stelle die deutschen Truppen Russland. Die Polen erhoben die Schlacht von 1410 zum Mythos. In fast jeder polnischen Stadt gibt es eine nach Grunwald (so hieß der Ortsteil von Tannenberg, in dem die mittelalterliche Schlacht stattfand) benannte Straße. Die Nazis hingegen feierten frenetisch den Sieg von 1914 und bauten ein gigantomanisches Denkmal, welches im Zweiten Weltkrieg zerstört und

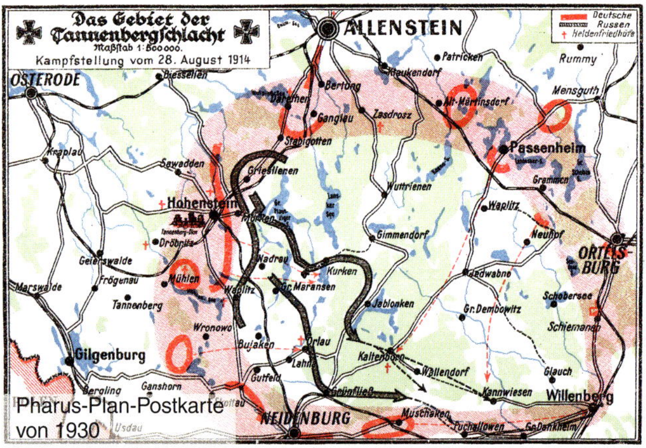

Pharus-Plan-Postkarte von 1930

nach 1945 von polnischen Pionieren abgetragen wurde. Werner Peters (1918–1971), Tannenbergallee 11, war in den 1960er Jahren ein gefragter Schauspieler. Oft musste er den Bösewicht spielen, z.B. in „Die tausend Augen des Dr. Mabuse“, als „Unterster Ramudschin“ in „Die Geschichte vom kleinen Muck“ oder als festes Ensemblemitglied in den Edgar-Wallace-Filmen.

Fritz Berber (1898–1984), Tannenbergallee 22b, war Chef-Völkerrechtler der Nationalsozialisten am Deutschen Institut für Außenpolitische Forschung. Nach dem Krieg blieb Berber unbehelligt und war von 1954 bis 1968 Leiter des Instituts für Völkerrecht an der Universität München. Hilde Körber (1906–1969), Tannenbergallee 28, war in den 1930er Jahren eine gefragte Schauspielerin und leitete von 1951 bis 1969 die Max-Reinhardt-Schauspielschule. Hans Poelzig (1869–1936), ebenfalls Tannenbergallee 28, war ein bekannter Berliner Architekt der 1920er Jahre. Er baute u.a. das Haus des Rundfunks an der Masurenallee (heute rbb).

Sog. Reichsehrenmal Tannenberg um 1939

Die Tannenbergallee ist 1936 schon recht dicht besiedelt. In der Nr. 14 residierte der jüdische Fabrikbesitzer Dr. E. Löwinsohn, in der Nr. 16 Brauereidirektor Paul Glaser (Brauerei W. Senst in der Luckenwalder Straße, Potsdam, Großaktionär der kleinen Brauerei war Berliner Kindl), die Häuser Nr. 18–20 gehört dem Verein deutscher Werkzeugmaschinen-Fabriken. Im Mehrfamilienhaus Nr. 19 wohnte u.a. der Direktor der Carolinenhof Terrain- und Baugesellschaft P. Hess. Die Carolinienhofgesellschaft plante Ende der 1920er Jahre in Schmöckwitz/Köpenick eine große Siedlung, ging aber 1932 in die Insolvenz. In der Villa Nr. 22 lebten Freifrau und Freiherr von Madenflycht. Die Häuser 30–42 waren in den 1930er Jahren ein Wohnheim des Reichsstudentenwerks.

Hohensteinallee

Die Straße wurde 1923 benannt, sehenswert ist das denkmalgeschützte Haus Nr. 4 (erbaut zwischen 1935 und 1936 von Fritz August Breuhaus de Groot; in den Jahren 1949–51 erfolgten Umbauten nach Plänen von Herbert Noth). Bis zum Jahre 1935 stand nur ein Haus, nämlich die Nr. 2, in dem Fabrikant P. Wechselmann wohnte.
Vor dem Zweiten Weltkrieg war die Stadt Hohenstein ein beliebtes Ausflugsziel für Touristen, die zum 1928 erbauten Tannenbergdenkmal (s. Tannenbergallee) pilgerten. Nur etwas mehr als 7.000 Einwohner zählt das heute polnische Städtchen Olsztynek.

Luftbild von Hohenstein um 1930

Lyckallee

Die Lyckalle wurde noch während des Ersten Weltkrieges (1916) so benannt. Der Name soll an die deutsch-russischen Kämpfe in den Masuren erinnern. Sehenswert

Lyck, um 1910

sind die vielen denkmalgeschützten Häuser (Nr. 6, 14/16, 30, 32, 34, 42, 44 und 45).

Das fast 60.000 Einwohner zählende polnische Städtchen Ełk hieß bis 1945 Lyck und war die Heimat des Schriftstellers Siegfried Lenz. Die teilweise noch erhaltene historische Altstadt wird vom Lycksee malerisch umrandet. Lyck wird oft als „geistiges" Zentrum der Masuren bezeichnet und ist touristisch sehr gut erschlossen. Von hier aus lassen sich hervorragend Ausflüge zu Land und zu Wasser in die seenreiche Umgebung machen.

Das Wohnhaus Lyckallee 6 wurde von 1913–1914 von Fritz Klingholz entworfen. Klingholz baute viele deutsche Bahnhöfe, so z.B. das Empfangsgebäude des S-Bahnhofs Schöneberg und die Hauptbahnhöfe von Koblenz, Worms, Wiesbaden und Lübeck.

Villa Lyckallee 2

Paula Busch (1886–1973), Lyckallee 14, war Direktorin des von ihrem Vater gegründeten "Circus Busch" und lebte von 1914 bis 1973 hier. Die beiden Häuser 14 und 16 wurden 1913–14 von Alfred Lesser entworfen und 1934 sowie 1983–85 umgebaut.

Das Haus 30 wurde für die „Naamloose Vennootschap voor Bankcommissiezaken en Beheer" aus Amsterdam erbaut. Der Architekt war 1929/30 Fritz Marcus. Heute befindet sich hier der Kindergarten der privaten Schele-Schule (s. Pichelswerder). Im Haus 34, das 1935/36 von Otto Kuhlmann (u.a. Erbauer der Ev. Johanniskiche Lich-

Villa Lyckallee 33

terfelde und des Rathauses in Erkner) entworfen wurde, wohnte der Fabrikant Friedrich Wehrmann.
Das Haus 42, welches 1921/22 unter der Leitung von Hans Liepe errichtet wurde, ließ 1932 der Fabrikant Hans Raether (seit 1908 aktives Mitglied der anthroposophischen Bewegung Rudolf Steiners) großzügig umbauen.
Das Haus 44 (Ecke Johannisburger Allee) wurde ebenfalls 1921/22 von Hans Liepe entworfen und 1936/37 für den Fabrikanten Bernhard Lamparsky (Obstkonserven Werder) umgebaut. In dem Haus lebte in den 1930er Jahren auch der Konzertsänger J. H. Götte.
Gegenüber liegt das Haus 45, das 1936 nach einem Entwurf von Heinz Scheidling entstand. Hier lebte Hans Wölffer (1904–1976), der von 1935 bis 1942 Direktor von Theater und Komödie am Kurfürstendamm war. Der junge Operndirigent hatte einen schwierigen Stand unter den Nazis, weil die beiden Theater sehr beliebt waren, aber Wölffer Schauspieler einsetzte, die auf staatlichen Bühnen nicht spielen durften. Außerdem war er kein NSDAP-Mitglied. 1943 wurde das Theater im Bombenhagel zerstört.

Villa Lyckallee 44

Weitere Bewohner (Auswahl, Stand 1933–36): Nr. 2 Oberregierungsmedizinalrat Dr. P. Jottkowitz (Vorsitzender der Deutschen Gesellschaft für Unfallchirurgie 1930); Nr. 8 Ministerialrat C. Cornelius; Nr. 10 Prof. M. Wolff; Nr. 12 Geheimer Regierungsrat O. Kammerer; Nr. 16–18 Brauereidirektor P. Schöpe (vermutlich Brauerei Schöpes Nachfahren 1900–1912 in Kauder/Klaczyna, Niederschlesien); Nr. 20 Dr. B. Litz; Nr. 22 Bankdirektor I. Levy; Nr. 31 Prof. Dr. K. Moß; Nr. 35 Regierungsbaumeister Dr. P. Juliusburger; Nr. 39 Verlagsdirektor Dr. S. Razuelson; Nr. 48 M. Loewenstein/Kaufmann H. Spiro.

Rauschener Allee

Die kurze Allee heißt seit 1925 nach Rauschen, davor war es die Straße 46. Das 10.000 Einwohner große Ostseebad Rauschen, heute russisch Swetlogorsk (Светлогорск), stand lange im Schatten des mondäneren Nachbarorts Cranz, der etwas näher an Königsberg lag und mit der Eisenbahn schneller erreichbar war. Erst zu Sowjetzeiten erhielt Rauschen größeren Zuspruch und überflügelte Cranz.

Rauschen, 1930

Thomas Mann entdeckte in Rauschen bei einem Urlaub 1929 – in dem er „Mario und der Zauberer" schrieb – seine Vorliebe für die ostpreußische Ostseeküste. Er bezog daraufhin ein eigenes Ferienhaus in der kurischen Künstlerkolonie Nidden. Seit dem Jahre 2001 erinnert ein Denkmal in Rauschen an Thomas Manns Urlaub.

Der Stadtkern Rauschens liegt wildromantisch oberhalb einer hohen Steilküste, die damals wie heute mit einer Seilbahn zur Strandpromenade verbunden ist. Eine Zeit lang war das Baden an der Samlandküste vor Rauschen und Cranz, an dem häufig Bernstein angeschwemmt wird, aufgrund der starken Umweltverschmutzung, u.a.

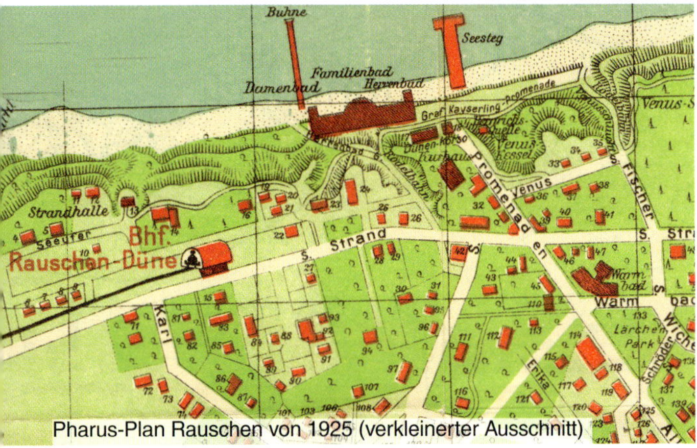

Pharus-Plan Rauschen von 1925 (verkleinerter Ausschnitt)

durch den Bernsteintagebau Palmnicken (Янтарный), verboten. Seit einigen Jahren erholt sich die Natur jedoch wieder. Swetlogorsk gilt heute neben Sotschi als eines der bevorzugten russischen Seebäder.
Heidi Finkenzeller (1914–1991), Rauschener Allee 5, war in den 1930er Jahren eine bekannte Schauspielerin, vor allem in volkstümlichen Komödien. Sie ist die Mutter der Fernsehschauspielerin Gaby Dohm (geb. 1943).

Johannisburger Allee

Die Johannisburger Allee heißt seit 1925 bzw. die Kurve bis zur Tapiauer Allee seit 1959 so. Bis zum Jahre 1936 war die Johannisburger Allee noch gänzlich unbebaut. Denkmalgeschützt ist heute das Haus Nr. 12, erbaut um 1937 (s. Abb.).

Villa Johannisburger Allee 12

Die knapp 28.000 Einwohner große, heute polnisch Pisz genannte Stadt Johannisburg liegt am Südrand der Masuren. Sehenswert sind neben der Johannisburger Heide (Puszcza Piska) die Reste der historischen Altstadt mit dem Rathaus und der Stadtkirche.

Johannisburg, Brücke von 1938

Tapiauer Allee

Die kurze Allee unterhalb der Terrassenhäuser wurde am 26. Juli 1921 nach Tapiau benannt, davor hieß sie Straße 45a. Die etwa 14.000 Einwohner große Kleinstadt Tapiau lag aufgrund ihrer Nähe zum großen Königsberg oft in dessen Schatten. Das war aber auch im Zweiten Weltkrieg ein glücklicher Umstand für das heute russische Gwardeisk (Гвардейск), denn die Zerstörungswut der einmarschierenden russischen Truppen traf eher Königsberg. Heute ist für das Kaliningrader Gebiet verhältnismäßig viel historische Bausubstanz in Tapiau, der Geburtsstadt des impressionistischen Malers Lovis Corinth (1858–1927), erhalten geblieben.

Im Jahre 1936 waren schon einige Häuser in der Tapiauer Allee bezogen (Auswahl): In der Nr. 3 wohnte Ministerialrat Dr. Wilhelm Schellberg (i.R.) und in der Nr. 3a wohnte Ministerialrat K. Schellberg, vermutlich sein Sohn. Schellberg jr. war 1936/37 der Erbauer der Russisch-orthodoxen Christi-Auferstehungs-Kathedrale in der Berliner Straße/Ecke Hohenzollerndamm (Wilmersdorf). Sein Vater Wilhelm publizierte 1930 u.a. zum Aufbau des Völkerbundes.

Major F. Schatz wohnte in der Nr. 4 und Major F. Leupold in der Nr. 5, zusammen mit Bankdirektor A. Malltes. In der Nr. 5a ist im Adressbuch der Architekt P. Heubner aufgeführt und in der Nr. 6 der Ministerialrat Dr. E. Seidl.

Kranzallee

Die Kranzallee trägt seit 1923 ihren Namen, der übrigens falsch geschrieben ist, denn das Seebad in Ostpreußen hieß seit 1893 eigentlich nur noch Cranz mit C. In den

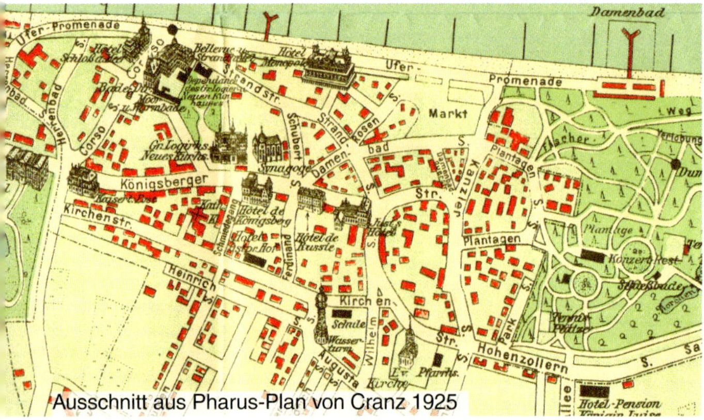

Ausschnitt aus Pharus-Plan von Cranz 1925

1930er Jahren wird die Straße manchmal auch als „Kranzer Allee“ bezeichnet. Bis 1936 war eine Verlängerung der Kranzallee über die Straße Am Postfenn hinaus angedacht (heute Waldweg). Das einst geplante Ende der Kranzallee ist die heutige Wendeschleife der Sackgasse Am Rupenhorn.
Seit 1945 ist Cranz russisch und heißt Selenogradsk (Зеленоградск). Seit dem 19. Jahrhundert war Cranz der

Kranzallee 8-10

bevorzugte Badeort der Königsberger, denn er lag nur eine knappe Stunde entfernt am seichten Übergang der Steilküste zu den Dünen der Kurischen Nehrung. In sowjetischer Zeit hat das 13.000 Einwohner große Städtchen viel von seinem Charme eingebüßt, dennoch ist es nach wie vor ein beliebter Ausflugsort der Bewohner des Kaliningrader Gebiets und erhält auch viel Zuspruch von Touristen aus dem Rest Russlands. Das mag nicht nur an den vielen Hotels und Ferienheimen im Ort liegen, sondern auch daran, dass viel historische Bausubstanz aus der deutschen Zeit erhalten geblieben ist und Cranz dadurch recht beschaulich wirkt. Es lassen sich von hier aus

Kranzallee 23

Kranzallee 27

viele Ausflüge auf die Kurische Nehrung unternehmen.
Die Terrassenhäuser zwischen Kranzallee und Tapiauer Allee wurden 1969–1972 von der DEGEWO erbaut, Architekten waren Jan und Rolf Rave (siehe Friedhof Ruhleben). Die Bauten bestehen aus elf Häuserzeilen mit insgesamt 53 Eigentumswohnungen auf 4–5 Geschossen (siehe auch Grete-Weiser-Weg).
Gegenüber liegen an der Kranzallee 8/10 die Remise und das Wohnhaus für Angestellte der einstigen Villa d'Avance, die 1923/24 von Harry Rosenthal errichtet wurde. Der Bauherr des Anwesens war der Bankier George D' Avance.
Im Haus 13 war lange Zeit die Pfarrei der Evangelischen Kirchengemeinde Berlin-Heerstraße untergebracht. Es wurde 1928/29 von Erich Blunck errichtet. Heute befinden sich hier Eigentumswohnungen.
Das Haus Kranzallee 19 wurde 1932/33 von Günther Werner-Ehrenfeucht für seine Schwägerin Lucy Werner-Ehrenfeucht entworfen. Beide sind auf einer gemeinsamen Grabstätte auf dem Waldfriedhof Dahlem beerdigt worden.
Das kirchenschiffartige Haus 23 wurde 1928–30 unter der Leitung des Architekten Heinrich Möller für den Fabrikanten Max Seidel errichtet (s. Foto).
Ebenfalls sehenswert (und denkmalgeschützt) sind die Häuser Kranzallee 24, entworfen 1936/37 von Paul Sellmann, das 1933/34 erbaute Haus Nr. 27 (Architekt: Martin Braunstorfinger) und das Haus Nr. 36 (Architekt: Wilhelm von Gumberz-Rhonthal, erbaut 1936).
Die Wohnanlage Kranzallee 58–62, Am Postfenn 3–11, Heerstraße 135 wurde in den Jahren 1967 und 1968 von Heinz Schudnagies, zusammen mit Günter Druschke und Erwin Montag, für die Volkwagenstiftung entworfen,

dann aber im Auftrag der GAGFAH erbaut. Die Anlage besteht aus drei Häusern, die unterschiedliche Geschosszahlen aufweisen: Der höchste ist der neungeschossige Bauteil an der Heerstraße.
Prominente Bewohner der Kranzallee waren:
Bernhard Goetzke (1884–1964), Kranzallee 14, einer der bekanntesten deutschen Stummfilmschauspieler. Goetzke hatte bezeichnenderweise nie Erfolg beim Tonfilm.
Hans Lohmeyer (1881–1968), Kranzallee 12, war von 1919–1933 Oberbürgermeister des ostpreußischen Königsbergs, musste aber bei der NS-Machtergreifung seinen Posten räumen. Lohmeyer war ab 1933 nur noch wissenschaftlich, aber nicht mehr politisch tätig.
Käthe von Nagy (1904–1973), Kranzallee 8, war eine ungarische Schauspielerin, die im Deutschland der 1930er Jahre sehr erfolgreich war, u.a. an der Seite von Hans Albers in „Der Sieger“ oder in „Liebe, Tod, Teufel“.
Horst Niendorf (1926–1999), Kranzallee 49, war Theaterschauspieler an der Freien Volksbühne und von 1981–1994 Intendant des Hansatheaters. Er war auch als Synchronstimme von Gene Hackman und Robert Mitchum sehr gefragt.
Weitere Bewohner der 1933 noch recht karg bebauten Kranzallee (Auswahl): Haus Nr. 6: Fabrikbesitzer G. Emmrich; Haus Nr. 15: Stadtbaurat C. Fenten.

Britische Militärsiedlung

Die Häuser Kranzallee 40, 42, 44, 46, 48, 50, 52 und 54 wurden 1958 von Alfred Gellhorn, Leo Lottermoser und Rudolf Ullrich für Angehörige des britischen Militärs entworfen, ebenso wie die Häuser in den Seitenstraßen

Britische Wohnbauten am Kiplingweg

Hardyweg, **Kiplingweg**, **Miltonweg** sowie im **Byronweg** und **Shawweg** an der Heerstraße.
Alle Straßen wurden nach englischsprachigen Schriftstellern benannt: George Byron (1788–1824) schrieb u.a. das Epos „Don Juan“ und gilt als einer der meistgelesenen britischen Schriftsteller des 19. Jahrhunderts. Thomas Hardy (1840–1928) war der große Pessimist unter den englischen Schriftstellern. Er schrieb sog. Schicksalsromane. Joseph Kipling (1865–1936) ist indisch-britischer Schriftsteller, bekannt durch sein „Dschungelbuch“. Kipling erhielt 1907 den Literaturnobelpreis. John Milton (1608–1674) war ein bekannter englischer Schriftsteller, der u.a. das Epos „Das verlorene Paradies“ schrieb. George Shaw (1856–1950) gilt als Schöpfer des modernen englischen Dramas und schrieb über 50 Dramen. Der als Theaterkritiker Gestartete erhielt 1925 den Literaturnobelpreis.

Moderne Architektur Kranzallee 15, Ecke Miltonweg

Grethe-Weiser-Weg

Die Straße 219 wurde am 28. Februar 1972 nach der zwei Jahre zuvor verstorbenen Schauspielerin Grethe Weiser benannt. Markant sind die Terrassenhäuser, die von den Architekten Jan und Rolf Rave 1969–1972 für die Deutsche Gesellschaft zur Förderung des Wohnungsbaus (DEGEWO) entworfen wurden. Es handelt sich um zwei- bis dreigeschossige Wohnbauten mit roten Fensterrahmen am Grethe-Weiser-Weg 1–13 (siehe auch Kranzallee 5–11), die an den Hang, hinunter zum Postfenn, mit Blick auf den Teufelsberg gebaut worden sind.

▶ *Grethe Weiser*

Die 1903 in Hannover geborene Grethe Weiser begann ihre Karriere 1926 als Schauspielschülerin an der Berliner Volksbühne. In den folgenden Jahren probierte sie sich auch am Kabarett aus und ging 1932 zum Film. In diesem Medium feierte sie bis in die 1960er Jahre hinein große Erfolge. Weiser starb 1970 bei einem Autounfall in Bad Tölz und ist auf dem ebenfalls zum Ostpreußenviertel gehörenden Friedhof Heerstraße beigesetzt worden.

Stallupöner Allee

Sehenswert in der Stallupöner Allee, die seit 1923 ihren Namen trägt, war bis zu seinem Abriss 2013 das „getarnte" Haus Nr. 19–23 des ehemaligen Mittelwellensenders (siehe Einschub).

Die Kreisstadt Stallupönen wurde in der Nazizeit in „Ebenrode" umgetauft. Der alte Ortsname war prußisch-baltischen Ursprungs und klang zu „undeutsch".

Die Berliner Allee behielt aber ihren Namen. Stallupönen war einst Zentrum eines der östlichsten Landkreise Ostpreußens (u.a. lag hier das berühmte Gestüt Trakehnen). Nach 1945 wurde die Stadt Ebenrode russisch und in Nesterow (Нестеров) umbenannt. Der nur noch 5.000 Einwohner zählende Ort liegt gerade einmal zwölf Kilometer von der litauischen Grenze entfernt an der ehemaligen Reichsstraße 1 nach Berlin und Aachen.

▶ *Mittelwellensender Stallupöner Allee*

Auf Anordnung Hermann Görings wurde in der Stallupöner Allee 19–23 in einem unterirdischen Bunker ein Verstärkeramt für Telefongespräche eingerichtet. Der Eingangsbereich zum Bunker wurde als langgestrecktes Wohnhaus mit herrschaftlichem Portal getarnt (s. Abb.). Auf dem selben Grundstück wurde außerdem ein Wohnhaus für die Reichspostdirektion erbaut. Beide Gebäude sind 1934–1936 unter der Leitung des Architekten Hans Wolff-Grohmann entstanden. Nach dem Krieg wurden in den Gebäuden in Rekordbauzeit zwei Mittelwellensender installiert, die über je einen eigenen Sendemast hinter

Ehemaliger Mittelwellensender

dem Haus verfügten. Ab dem 17. August 1946 wurden von hier der britische Militärsender und der damalige Nordwestdeutsche Rundfunk abgestrahlt. Am 1. Juni 1954 ging dann die Station in Besitz des neuen Senders Freies Berlin (SFB) über, der von hier sein Programm SFB 1 (ab dem Jahreswechsel 1955/56 dann auch SFB 2) sendete. Statt dem britischen Militärsender wurde nun die BBC übertragen. Ab 1975 konnte man die Sendeanlagen vom SFB-Funkhaus an der Masurenallee fernsteuern, das sparte Personalkosten. 1988 wurden dann zwei neue, 130 Meter hohe Sendemasten aufgestellt und die alten Masten abgerissen. Ab 1994 wurden aus Kostengründen nur noch SFB 2 / Radio B2 auf Mittelwelle gesendet, ab 1997 verblieb das SFB-Radio Multikulti auf der Frequenz 567 MHz. 1998 wurde der erste der beiden 130 Meter hohen Sendemasten, der ohnehin nur Reservezwecken diente, abgerissen und gegen eine 45 Meter hohe Fachwerkantenne ersetzt.

Die schwache Sendeleistung des Senders Stallupöner Allee reichte allenfalls für das Berliner Stadtgebiet, in dem Radio Multikulti auch über das klassische UKW empfangbar war. Folglich schalteten nur noch Liebhaber des Mittelwellenrundfunks ein. 2006 endete dann der Sendebetrieb in der Stallupöner Allee und der verbliebene Mast wurde verschrottet. Der RBB verkaufte 2011 das Sendergrundstück samt Haus und Bunker, bis-

lang stehen die Anlagen leer. Mit ersten Abrissarbeiten des denkmalgeschützten Ensembles wurde im Februar 2013 begonnen.

Stallupöner Allee 37

Auch bemerkenswert ist das Haus Nr. 37, das 1937 von Egon Eiermann entworfen wurde. Eiermann war Schüler von Hans Poelzig (s. Tannenbergallee) und Weggefährte der Bauhausarchitekten Walter Gropius und Mies van der Rohe. Wichtige Bauten Eiermanns sind u.a. die neue Gedächtniskirche am Breitscheidplatz und der Lange Eugen, ein Bonner Abgeordnetenhaus.

Weitere Bewohner der Stallupöner Allee waren:

Ernst Udet (1896–1941), Stallupöner Allee 11, Flugpionier im Ersten Weltkrieg, damals Weggefährte Hermann Görings. Udet war maßgeblich am Aufbau der deutschen Flugzeugindustrie nach 1918 beteiligt (erst geheim, da durch den Versailler Vertrag der Flugzeugbau verboten war, später dann als offizieller Berater zum Kauf von Flugzeugen). Nach der Machtergreifung der Nationalsozialisten geriet er zunehmend in Konflikte mit Göring und dessen Ministerium. Udet beging am 17. November 1941 in seinem Schlafzimmer in der Stallupöner Allee Selbstmord, während er mit seiner Frau telefonierte. Über sein Bett schrieb er vorher an die Wand „Eiserner, Du

Stallupöner Allee 53

hast mich verlassen!" als mahnende Worte an Göring. Die Nazis ließen verlautbaren, dass Udet „bei Erprobung einer neuen Waffe einen schweren Unglücksfall erlitten" habe. Udets Konflikt zwischen Fliegerei, Krieg und Politik wurde später in Carl Zuckmayers „Des Teufels General" mit Curd Jürgens verfilmt.
Ludger Westrick (1894–1990), Stallupöner Allee 31, war ab 1963 Kanzleramtsminister unter Ludwig Erhard. Seine Frau Hilde hat als Ärztin im Frauengefängnis Moabit im Nationalsozialismus einige Frauen vor der Hinrichtung bewahrt.
Kurt Eggers (1905–1943), Stallupöner Allee 34, war Angehöriger der Garde-Kavallerie-Schützen-Division, die für die Ermordung von Karl Liebknecht und Rosa Luxemburg verantwortlich war. Er war Nationalist, später glühender Verehrer der Nazis. Ab 1936 war Eggers im Rasse- und Siedlungshauptamt der SS tätig. In dieser Eigenschaft war Eggers Autor zahlreicher Dramen, Hör- und Singspiele, sog. „völkischer Geschichten", sowie einiger Soldatenlieder. Er trat der Waffen-SS bei und kämpfte in Polen, dort fiel er 37jährig. Sein Sohn Sven war bis vor kurzem ein führender DVU-Politiker.
Alfred-Ingemar Berndt (1905–1945), Stallupöner Allee 46, war Ministerialdirigent im Propagandaministerium und Generalmajor der Waffen-SS. Lange Zeit war er ein enger Vertrauter von Joseph Goebbels. Berndt war maßgeblich am „Wüstenfuchs"-Mythos um den deutschen Generalfeldmarschall Erwin Rommel beteiligt. Berndt trat schon 1922 der NSDAP bei, ab 1926 war er federführend beim Aufbau der HJ und Kolumnist beim Völkischen Beobachter. Ab 1935 leitete er die Reichspressestelle und war dort ab 1938 hauptsächlich für die Literaturzensur verantwortlich. Er soll stets ein gutes Ver-

Stallupönen, Altstädtischer Markt um 1900

hältnis zu Hitler gehabt und selbst Kritik am „Führer“ in seiner Gegenwart ausüben gedurft haben. Im Krieg ging Berndt nach Afrika, er war dort Berichterstatter Rommels. 1944 wurde er suspendiert, weil er sich nach der Landung der Alliierten in der Normandie kritisch über die Zukunft des Krieges geäußert hat. Er fiel an der ungarischen Front.
Carl Raddatz (1912–2004), Stallupöner Allee 54, war in den 1930er erfolgreicher Schauspieler, u.a. „Urlaub auf Ehrenwort“, „Wunschkonzert“, „Stukas“.

Am Postfenn

Die Straße am Postfenn ist besonders für den sommerlichen Ausflugsverkehr bedeutsam, denn sie verbindet die aus der Innenstadt kommende Heerstraße mit der Havelchaussee, die von Spandau bis zum Wannsee viele Badestellen und Ausflugslokale tangiert. Auf der Straße Am Postfenn verkehrt auch die Buslinie 218, auf der seit April 2000 zeitweise historische Omnibusse vom Verein Traditionsbus zwischen dem Zentralen Omnibusbahnhof (ZOB) und der Pfaueninsel verkehren.
Die Straße wurde am 17. Mai 1930 nach dem Postfenn benannt, einem Sumpfgebiet neben der historischen Poststraße zwischen den Städten Spandau und Teltow.
Der unbebaute Wilmersdorfer Abschnitt der Straße Am Postfenn zwischen der Stallupöner Allee und der Havelchaussee erhielt übrigens erst am 2.5.1962 seinen Namen.

Auf unserem Rundweg passieren wir die Sumpfgebiete Postfenn und Teufelsfenn, bis wir mitten im Wald an den idyllisch gelegenen **Teufelssee** kommen. Der Bauunternehmer Heinrich Quistorp, der in Berlin die Villenkolonie Westend erbaut hat (sein Onkel baute übrigens im heute polnischen Stettin ebenfalls eine Villenkolonie namens Westend), gab 1871 den Anstoß zur Planung eines Wasserwerks an diesem See. Sein Ziel war es, seine neu erbaute Villenkolonie mit Trinkwasser zu versorgen. Die Anlage war von 1872 bis 1878, als Quistorp mit seinem Unternehmen in die Insolvenz ging, in Pri-

vatbesitz. Danach übertrug man es den Charlottenburger und später den Berliner Wasserbetrieben. 1969 wurde das älteste Wasserwerk Berlins jedoch überflüssig und stillgelegt. Es sollte 1974 abgerissen werden. Doch dank Bevölkerungsprotesten konnte es gerettet und 1981 unter Denkmalschutz gestellt werden. Seit 1985 hat hier das **Naturschutzzentrum „Ökowerk"** seinen Sitz und betreibt ein Museum. Neben dem Angebot von Führungen und Ausstellungen gibt es auch ein kleines Bistro. Außerdem lässt es sich wunderbar am Ufer des Teufelssees (früher reiner FKK-Badebetrieb, heute wird die Badewiese im Sommer auch von „Textilfreunden" bevölkert) entspannen.
Auf dem Europäischen Fernwanderweg E11, der von Den Haag nach Allenstein (Olsztyn) im ehemaligen Ostpreußen führt und dabei die Höhenzüge des Weserberglands, des Harzes und des Flämings überquert, geht es hinauf in das beschauliche künstliche „Berliner Mini-Gebirge" namens **Teufelsberg** und **Drachenberg**. Dort, wo sich heute die beiden Trümmerberge befinden, sollte – so war es unter den Nationalsozialisten im Rahmen ihrer Ideen für die „Welthauptstadt Germania" geplant – die Wehrtechnische Abteilung der neuen Hochschul-Stadt entstehen (siehe Scholzplatz). Mit dem ersten Gebäude wurde schon vor dem Krieg angefangen: von 1937 begannen die Bauarbeiten für eine Wehrtechnische Fakultät. Die Rohbauruine wurde – als nach Kriegs-

Das Ökowerk am Teufelssee

ende alle Planungen zum Bau einer Hochschulstadt aufgegeben wurden – zwischen 1950 und 1972 mit bis zu 800 LKW-Ladungen Trümmerschutt täglich verfüllt: zwei

Blick zum Teufelsberg

riesige Trümmerberge entstanden aus den Überresten von etwa einem Drittel aller in Berlin zerstörten Häuser. Ab 1972 wurde das gesamte Gelände renaturiert und mit Bäumen bepflanzt. Das Areal wurde sofort nach der Renaturierung von den Berlinern als Sportareal angenommen. Nicht nur einen Kletterturm (des Deutschen Alpenvereins) gibt es hier, zuweilen wurde sogar richtiger Wintersport betrieben. Es gab eine Rodelbahn, einen Skihang, eine Sprungschanze und sogar einen Schlepplift. Letzterer musste aber 1972, weil er die Funksignale der Alliierten störte, abgebaut werden. Zur 750-Jahr-Feier Berlins wurde am Teufelsberghang sogar ein Weltcup im Skislalom veranstaltet. Auch heute noch gibt es eine Skiabfahrt, auf der sich bei viel Schnee die Berliner Wintersportler tummeln. In den 1970er- und

Skivergnügen mit außer Betrieb befindlichem Schlepplift auf dem Teufelsberg-Skihang, Januar 1979

1980er-Jahren wurde am Südhang des Teufelsberges Wein angebaut, aus dem das „Wilmersdorfer Teufelströpfchen" gekeltert wurde. 1984 wurde der Rebhang verlegt und befindet sich nun am Eisstadion Wilmersdorf. Jährlich wurden 250 kg Trauben (u.a. Weißer Riesling) geerntet und zu 120 Litern Wein verarbeitet (im Vergleich: Weingut Schott, in Wallhausen an der Nahe, über 100.000 Liter, siehe Insterburgallee).

Aber nicht nur die Freizeitbegeisterten entdeckten das Gelände. Schon 1957 okkupierte die US-Armee den Gipfel des Teufelsberges, denn als höchstgelegene Erhebung in Westberlin war er ein hervorragender Standort für eine **Abhöranlage**. Ursprünglich wollte man nur mit mobilen Radargeräten die Luftkorridore zwischen Westberlin und Westdeutschland kontrollieren. Doch bald erkannten die Geheimdienste das weitaus größere Potential des Standorts: Mittels fünf unter weißen Kuppeln versteckten Antennen konnten die Westalliierten den Flug- und Funkverkehr bis etwa 600 km weit hinter den „Eisernen Vorhang" überwachen. Die Anlagen waren Teil des weltweiten US-Spionagenetzes „Echelon". Zeitzeugenberichte sprechen von 800–1500 täglich hier oben im Schichtdienst eingesetzten Soldaten. Die Soldaten hatten eine 9-Stunden-Schicht ohne Tageslicht zu absolvieren. Die Bürogebäude hatten keine Fenster, damit man von außen nicht sehen konnte, was drinnen vor sich ging.

Alte Abhörstation

Als nach dem Ende des Kalten Krieges die Westalliierten niemanden zum Abhören mehr hatten, zogen sie bis Oktober 1992 vom Teufelsberg ab. Der Berliner Senat suchte alsbald nach Möglichkeiten einer zivilen

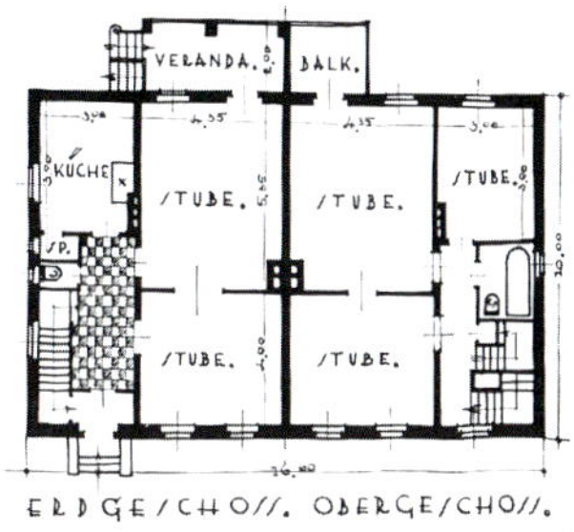

Siedlung Heerstraße
(aus: Gorgas, 1929)

Nachnutzung des Areals und verkaufte dann nach einer Ausschreibung 1996 das fast 15.000 m² große Gelände für 5,2 Mio. DM an eine Kölner Investorengemeinschaft. Diese wollten ein Tagungshotel, luxuriöse Loft-Wohnungen und mondäne Stadtvillen, ein kleines Museum zum Kalten Krieg und ein Ausflugslokal auf dem Berggipfel errichten, Fertigstellung sollte 2002 (wie die Bautafel am Eingang heute immer noch zeigt) sein. Das Luxusprojekt scheiterte an Protesten und Klagen von Anwohnern und Naturschutzverbänden sowie den immer höher werdenden Baukosten. Seitdem ist die alte Abhöranlage verwaist, verfällt zusehend und war mehrfach Ziel von Vandalen, Metalldieben und Brandstiftern. Mehrere Interessensgruppen bemühen sich um einen Erhalt der Radarstation als Denkmal, Museum und Kunstareal, einige Stimmen fordern auch den Abriss und die Renaturierung.

Da das Teufelsberg-Gipfelplateau immer noch in Privatbesitz ist und das legale Betreten der ruinösen Anlage nur im Rahmen von geführten Touren am Wochenende erlaubt ist (das ist aufgrund der vielen baulichen Gefahrenquellen auch anzuraten), müssen sich die Berliner leider derzeit noch mit dem benachbarten niedrigeren **Drachenberg** als Ort zum Drachenfliegen, als Aussichtspunkt oder zum Beobachten des Pyronale- bzw. Silvesterfeuerwerks begnügen.

Vom Drachenberg steigen Sie herab zur Teufelsseechaussee. Hinter einem kleinen Wäldchen versteckt befindet sich die zum Ostpreußenviertel gehörende Siedlung Heerstraße.

Die „Siedlung Heerstraße“

Die Siedlung Heerstraße wurde in den Jahren 1919 bis 1926 erbaut. Die Gemeinnützige Baugesellschaft Berlin-Heerstraße wollte auf dem waldigen Terrain zwischen Grunewald und Heerstraße Reihen- und Doppelhäuser für Beamte errichten. Bauherr war Bruno Möhring. Erste Planungsentwürfe gehen aber auf den in Königsberg (Ostpreußen) geborenen Architekten Max Taut zurück. Bei Möhrings Planungen waren zudem die Architekten Josef Feldhuber, Curt Gorgas und Walter Helmcke sowie das Charlottenburger Bauamt maßgeblich beteiligt. In einem ersten Bauabschnitt wurden bis 1923 insgesamt 154 Bauten fertiggestellt. In den fast 250 Häusern, die in den Folgejahren entstanden, lebte die Gartenstadtidee jener Zeit auf, die sich am besten anhand der Entwicklung der Dresdner Gartenstadt Hellerau beschreiben lässt: Im ausgehenden 19. Jahrhundert verdoppelte sich die Einwohnerzahl der Stadt Dresden auf eine Drittelmillion. In der Innenstadt kam es zu Wohnungsengpässen,

oft wohnten ganze Großfamilien in nur einem winzigen Zimmer einer Hinterhofwohnung. In England gab es zur selben Zeit ähnliche Probleme, besonders in Arbeitervierteln. Der britische Architekt Ebenezer Howard (1850–1928) entwickelte die Idee einer „Stadt der Zukunft“: Im großen Stil wollte er Häuser mit Gärten an sauberer Luft am Rande der Großstädte aufbauen lassen. Er proklamierte, dass sich ein humanes Lebens- und Wohnumfeld positiv auf die Produktivität der Arbeiter auswirkt und gilt somit, zusammen mit dem Sozialisten Robert Owen, als Begründer der sog. „Gartenstadt-Idee“, um die „Vorteile städtischen Wohnens mit den Vorzügen des Lebens in ländlicher Umgebung zu vereinen“ (Galonska, 2007). Der Möbelfabrikant Karl Camillo Schmidt-Hellerau (1873–1948) suchte für seine 1898 in Dresden gegründete Fabrik am Stadtrand ein Werksgrundstrück. Er beauftragte seinen Schwager, den Architekten Richard Riemerschmid mit der Konzeption der Siedlung nach dem Vorbild der englischen Gartenstadtidee. Dafür wurde 1908 auch eine Gartenstadtgesellschaft zu Hellerau gegründet. Zweck der Gesellschaft war die Planung von Fabrik und Angestelltenwohnungen. Neben dieser Gesellschaft wurde auch eine „Bau- und Kunstkommission Hellerau“ gegründet. In ihr saßen sieben führende kunsthandwerklich engagierte Personen, die alle Architektenentwürfe auf Einheitlichkeit kontrollieren sollten. Denn auch wenn es gewünscht war, dass die neue Gartenstadt von verschiedenen Bauleitern gestaltet wird, so wollte man doch eine gewisse Einheitlichkeit wahren. Der Begründer der Gartenstadtidee Ebenezer

Gartenstadt Hellerau in Dresden – Vorbild für die Siedlung Heerstraße

Howard war vom Projekt Hellerau begeistert. Der Bauhausarchitekt Walter Gropius hingegen diffamierte die Hellerauer Konzeptionen als „überholte Bauernromantik".

Im Jahre 1921 wurde auch in der neuen Gartenstadt südlich der Heerstraße ein solcher Siedlerverein gegründet – er gilt neben Hellerau als einer der ältesten in Deutschland. Eine der ersten Amtshandlungen des Vereins scheint die Straßenbenennung gewesen zu sein: Seit etwa 1921–1925 heißen die Straßen in der denkmalgeschützten Siedlung nach ostpreußischen Orten. Man orientierte sich vermutlich an den Bezeichnungen der Straßen in der Umgebung. Die Siedlung war für Beamte und Angestellte konzipiert worden, noch 1970 waren 67% der Bewohner Beamte (Borck, 1996).

Soldauer Allee (aus: Gorgas, 1929)

Marienburger Allee:

Die ehemalige Straße 39 heißt seit dem 23. März 1925 nach Marienburg. Seit dem 24. August 1936 trägt auch der Wendehammer gegenüber der Einmündung des Willenberger Pfades diesen Namen.

Etwa 60 Kilometer südlich von Danzig liegt die trutzige Ordensburg Marienburg (polnisch: Malbork), am Fluss Nogat. Zwischen 1309 und 1454 erbaut, ist sie bis heute der größte Backsteinbau Europas. Die Burg ist UNESCO-Weltkulturerbe und äußerst sehenswert. Benachbart der Festung liegt die ehemalige Kreisstadt Marienburg, in der heute fast 40.000 Einwohner wohnen. Der Ort liegt an der historischen Ostbahn von Berlin über Dirschau (Tczew) nach Königsberg (Kaliningrad).

Marienburger Allee

Die beiden berühmtesten Bewohner

der Berliner Marienburger Allee waren mit Sicherheit Karl und Dietrich Bonhoeffer im Haus 43. Der Architekt der Hauses war – wie übrigens auch des Nachbarhauses Nr. 42 – der „Schwippschwager" Dietrich Bonhoeffers, Jörg Schleicher. Dietrich Bonhoeffer (1906–1945) ist einer der bekanntesten Widerstandskämpfer gegen den Nationalsozialismus und war eine der führenden Figuren der Bekennenden Kirche. Nach dem Stauffenberg-Attentat auf Hitler kam er 1944 ins KZ Buchenwald und wurde von der SS im KZ Flossenbürg wenige Tage vor Kriegsende am 9. April 1945 ermordet.

Marienburger Allee 43

Der Vater Karl Bonhoeffer (1868–1948) gilt als einer der bedeutendsten Psychiater Berlins. Er gründete 1938 die Nervenklinik der Charité. Die Psychiatriekliniken in Berlin-Wittenau tragen heute seinen Namen (umgangssprachlich auch „Bonnies Ranch" genannt). Karl Bonhoeffer liegt auf dem Friedhof Heerstraße, also unweit seines ehemaligen Hauses, begraben. Seit 1987 ist das Haus Nr. 43 eine Erinnerungs- und Begegnungsstätte.

Weitere Bewohner der Marienburger Allee: Edmund Schaefer (1880–1959), Marienburger Allee 10, war ein

Die Marienburg von der Nogatseite um 1910

Cousin der Malerin Paula Modersohn-Becker und zählt – wie seine Cousine – zu den bekanntesten deutschen Expressionisten.
In der Marienburger Allee lebte außerdem die Familie von Hans von Dohnanyi (1902–1945, bekannter Widerstandskämpfer gegen den Nationalsozialismus, Schwager und Schulfreund Dietrich Bonhoeffers). Seine Söhne Klaus von Dohnanyi (geb. 1928, ehemals Bundesbildungsminister und Hamburger Bürgermeister) sowie Christoph von Dohnanyi (geb. 1929, Dirigent) wuchsen hier auf. Ebenso lebte einer der Architekten der Siedlung Heerstraße, Curt Gorgas, in der Marienburger Allee 58.

▶ Studentenwohnheim Eichkamp

Schon kurz nach dem Zweiten Weltkrieg besichtigte im Januar 1948 eine Gruppe Studenten die Ruinen einer alten Schule hinter der Marienburger Allee. Die Gruppe nannte sich „Die Eichkamper“ und traf sich bald regelmäßig zum Enttrümmern des Geländes. Sie wollten hier ein internationales Studentenwohnheim einrichten. Von ihrem Projekt überzeugten sie auch Senat und Alliierte und gründeten die „Vereinigung für Internationale Studentenarbeit“. Mit viel Enthusiasmus konnten die ruinösen Schulgebäude wieder aufgebaut und 1949 bezogen werden. Besonderheit des Wohnheimkonzepts war, dass nur Zweibettzimmer vorhanden waren, in denen je ein deutscher und ein Gaststudent aus dem Ausland zusammen wohnten. Diese Lösung fand international Beachtung. Mit Spendengeldern aus dem Ausland wurde ein Clubhaus samt Bierkeller errichtet. In den 1950er Jahren baute dann das Studentenwerk das Wohnheim „Eichkamp“ hinzu, in dem heute fast 450 Studenten leben.

Studentenwohnheim Eichkamp

Lötzener Allee

Die Lötzener Allee heißt seit dem 8. August 1921 nach der Stadt, die heute auf Polnisch Giżycko genannt wird. Lötzen liegt direkt am malerischen Löwentinsee. Das ist auch der Hauptgrund, warum die etwa 30.000 Einwohner zählende ehemalige Kreisstadt touristisch in den Masuren recht bedeutend ist. Sehenswert sind damals wie heute das Schloss und die Reste der Festungsanlagen. Der polnische Ortsname geht übrigens auf den Nachnamen eines evangelischen Pfarrers im 19. Jahrhundert zurück, der sich sehr für die Etablierung der polnischen Sprache und Kultur in den Masuren zu deutschen Zeiten einsetzte.

Bewohner der Lötzener Allee im Jahre 1933 waren (Auswahl): Im Haus Nr. 1 wohnte Harold Bengen (1879–1962), ein Berliner Glasmaler, der u.a. Fenster in den Rathäusern Friedenau und Charlottenburg erschuf. Außerdem: Nr. 14 Schriftsteller W. Hintz und Nr. 18 Stadtoberarchitekt O. Preuß. Generell wohnten in der Lötzener Allee – wie in der gesamten Siedlung Heerstraße – auffallend viele Lehrer.

Lötzen in fünf Ansichten (um 1930)

Boyenallee

Boyen ist der Name einer zwischen 1847 und 1855 errichteten preußischen Festung in Lötzen, die wiederum nach Generalfeldmarschall Hermann von Boyen (1771–1848) benannt wurde. Der an der Boyenallee gelegene Bahnhof Heerstraße entstand 1909 und diente zweimal Staatsempfängen: 1925 kam der frisch gewählte Reichspräsident Hindenburg und im Jahre 1937 der italienische

Hindenburg trifft 1925 am Bahnhof Heerstraße ein

Diktator Benito Mussolini hier an. Die Nazis planten, den Bahnhof nach einem größenwahnsinnigen Umbau (zu dem es kriegsbedingt zum Glück nicht kam) in *Mussolinibahnhof* umzubennen. Die Planungen dafür stammten von Theodor Dierksmeyer. Erste Erdarbeiten und die Anlieferung von Sandsteinquadern wurden von 1939 bis 1942 durchgeführt. Einige nicht verwendete Steinbrocken lagen noch bis 1996 auf dem Bahngelände.

Die ältesten Häuser im Ostpreußenviertel befinden sich in der Boyenallee 1a und 4 (Baujahr 1909). Die Architekten waren Hugo Röttcher und Karl Cornelius, Bauherrin und Eigentümerin (übrigens aller Häuser Nr. 1–8) war die Deutsche Reichsbahn. Bewohner waren im Jahre 1933 der Reichbahnbauinspektor R. Probit (Haus 1/2), Reichsbahnsekretär A. Dalchow und Weichenwirt R. von Rekowski (Haus 3), Reichsbahnassistent F. Klimpel und Schaffner E. Reich (Haus 4), die Witwe L. Koffel und der Geheime Oberbaurat sowie der Reichsbahndirektor E. Kraefft (Haus 5). Das Haus Nr. 6 gehörte dem Reichsbahnbetriebsamt 1 und wurde von Reichsbahnoberregierungsrat F. Paezolt bewohnt. Im Haus Nr. 7 lebte Ministerialrat Dr. W. Rau, in der Nr. 8 der Reichsbahndirektor PD Dr. H. Baumann. Die restlichen Häuser in der Boyenallee waren nicht in Reichsbahnbesitz. Das Haus Nr. 9 war Eigentum des Bankvertreters A. Wessel. Die Häuser Nr. 10 und 11 gehörten den Rütgerswerken AG – Chemische Industrie Berlin (Teerproduktion). Im Haus Nr. 10 wohnte der Chemie-Fa-

Boyenallee 3 und 4

brikant Dr. Hugo Stolzenberg, im Haus Nr. 11 der Ingenieur W. Funk und der Geologe Dr. Otto Schlagintweit (1881–1956), der als Südamerikaexperte gilt und der berühmten Entdecker- und Geografenfamilie Schlagintweit (Himalaya- und Indienerkundungen im 19. Jahrhundert) entstammt.

Boyenallee 9 bis 11

Kurländer Allee

Im Gegensatz zu anderen Straßen in der Siedlung ist hier keine ostpreußische Stadt Namensgeber. Kurland ist die Bezeichnung einer der vier historischen Regionen Lettlands im Baltikum. Das Kurland (wichtige Städte sind Mitau/Jelgava und Libau/Liepāja) ist aber, ebenso wie Ostpreußen, nicht nur eng mit der Geschichte des Deutschen Ordens verknüpft, sondern war auch Kriegsschauplatz im Ersten Weltkrieg, weshalb die Straßenbenennung 1925 vermutlich mit dem gleichen Hintergrund wie bei den restlichen Straßen im Viertel erfolgte.
Berühmte Bewohner der Kurländer Allee waren:
In der Nr. 1 lebte der Schauspieler Gustav Fröhlich (1902–1987), der in den 1920er und 30er Jahren durch Filme von Fritz Lang bekannt geworden ist.
Eugen Gerstenmaier (1906–1986) lebte in der Kurländer Allee 3. Er war Widerstandskämpfer in der „Bekennen-

Kurländer Allee 25–27

den Kirche“. Als Mitwisser des Hitler-Attentats vom 20. Juli 1944 ist er nur knapp der Exekution im Bendlerblock entkommen und zu einer Zuchthausstrafe verurteilt worden. Ab 1945 war Gerstenmaier mit dem Aufbau des Evangelischen Hilfswerkes betraut. Er sollte ab 1949 Bundesvertriebenenminister unter Adenauer werden, lehnte das Angebot aber wegen seiner Tätigkeit für das Hilfswerk ab. Von 1954 bis 1969 war Gerstenmaier Präsident des Deutschen Bundestages.

Im Haus Nr. 23 lebte Horst Oberländer (1925–2011), ein bekannter DEFA-Schauspieler, u.a. 1952 in „Sein großer Sieg“, der später an den Simssee umsiedelte.

Lilian Harvey (1906–1968), Kurländer Allee 55, hatte ihren ersten Auftritt 1926 im Stummfilm „Die keusche Susanne“ mit Willy Fritsch. Die deutsch-englische Schauspielerin war von 1933–1935 in Hollywood tätig, in den 1930ern in Berlin aktiv und emigrierte 1939 in die USA.

Die Häuser Nr. 3 und 58 gehörten den Rütgerswerken und das Haus Nr. 5 dem Reichswehrministerium. Letzteres wurde 1933 von Kapitänleutnant Hans Sporleder bewohnt. Er diente im Ersten und im Zweiten Weltkrieg und war 1942 Quartiermeister in Rumänen. Die Häuser Nr. 14, 46, 47, 53, 55 und 57 gehörten 1933 der Gemeinnützigen Gesellschaft für Wohnungsfürsorge und die Häuser Nr. 6–9 der Gemeinnützigen Gesellschaft m. b. H. zur Schaffung von Wohnungen für Reichsangehörige.

Kurländer Allee 56-58

In der Nr. 6 wohnte der Korvettenkapitän Reimar von Bonin, in der Nr. 7 der Kapitänleutnant O. Schulz, in der Nr. 8 der Korvettenkapitän Ernst Schirlitz (1893–1978; Schirlitz war Stabschef beim Unternehmen Seelöwe und ab 1943 kommandierender Admiral der besetzten französischen Atlantikküste in der Festung La Rochelle) und in der Nr. 9 der Ministerialamtmann A. Schiller.
Weitere Bewohner 1933 (Auswahl): Haus Nr. 19 Architekt W. Probst; Nr. 21 Oberbaurat P. Gaumitz; Nr. 26 Oberregierungsrat A. Güntherschulze; Nr. 30 Oberingenieur Dr. Spieder aus Athen; im Haus Nr. 31/32 lebte der spätere Finanzsenator Paul Hertz. Im Haus Nr. 38 lebte der Generalmajor Rüdiger Graf von der Goltz (1865–1946). Von der Goltz war Freikorpsführer im Baltikum und starker Gegner der Demokratie. So war er am nationalistischen Kapp-Putsch und an der Gründung der Harzburger Front beteiligt. Sein gleichnamiger Sohn (1894–1976), ein Cousin Dietrich Bonhoeffers, war hingegen Bonhoeffers Strafverteidiger in den Stauffenberg-Prozessen 1944.

Neidenburger Allee

Die Straße erhielt am 8. August 1921 ihren Namen.
Etwa 15.000 Einwohner zählt die ehemalige Kreisstadt im Süden des ostpreußischen Oberlandes. Neidenburg liegt am namensgebenden Fluß Nida. Heute heißt Neidenburg polnisch Nidzica und befindet sich unweit der Grenze zur Wojewodschaft Masowien, in der auch Warschau liegt. Neidenburg wurde im Ersten und im Zweiten Weltkrieg stark zerstört. Heute sind noch das Rathaus und die Pfarrkirche erhalten. Die wiederaufgebaute Ordensburg ist ebenfalls sehenswert.
In der Neidenburger Allee 26 lebte einer der Architekten der Siedlung Heerstraße, Josef Feldhuber.

Neidenburg, Beamtenhäuser an der Poststraße, 1910

Gegenüber der Einmündung der Neidenburger Allee wurde in der Waldschulallee 75 im Jahre 1936 nach Plänen des Architekten Otto Schellenberg das Olympia-Sportärztehaus errichtet (seit 1974 Kindergarten, seit 1988 denkmalgeschützt, heute Kinderhaus Waldschulallee). In der Neidenburger Allee 26a war 1936 der Verein „Fachschule für feinmechanische Technik“ untergebracht. Außerdem wohnten damals folgende Personen in der Straße (Auswahl): Regierungsbaumeister E. Sproemberg (Nr. 2), Landgerichtsrat Dr. E. Berg (Nr. 4), Stadtoberinspektor F. Tschirpig (Nr. 11), Oberregierungsrätin Käthe Feuerstack (Nr. 12), Prof. Dr. H. Gius (Nr. 17), Stadtarchitekt D. Schlüter (Nr. 31), Prof. Dr. Ing. P. Riebensahm (Nr. 33), Prof. Dr. Ing. D. Krender (Nr. 34), Landgerichtsdirektor Dr. R. Berliner (Nr. 35), Verlagsbuchhändler Dr. Meier (Nr. 42) und Obermagistratsbaurat R. Rautenberg (Nr. 44).

Neidenburger Allee

Soldauer Allee

Die einstigen Straßen 36 und 37 erhielten am 16. Januar 1925 den gemeinsamen Namen Soldauer Allee. Den Soldauer Platz gibt es schon seit dem 8. August 1921.
Die 21.000 Einwohner große Stadt Soldau heißt heute polnisch Działdowo und ist ein historischer Eisenbahnknotenpunkt unweit der Stadt Neidenburg. Soldau wurde, obwohl nach dem Ersten Weltkrieg eine im Versailler Ver-

Soldauer Platz

trag festgelegte Volksabstimmung positiv für den Verbleib der Stadt bei Deutschland ausfiel, aufgrund ihrer strategischen Lage als Eisenbahnkreuzung im sog. „Korridor" zwischen Königsberg und Berlin an Polen übergeben.
Bewohner der Soldauer Allee (1936, Auswahl) waren: In der Nr. 2 Studienrat Prof. Dr. F. Bünger; Nr. 5 Architekt E: Giersiepen; Nr. 8 und 9 gehörten dem Staatsbank-Wirtschafts-Verein GmbH, hier lebten vor allem Bankräte und Bankinspektoren. Nr. 10 und 11 gehörte der L. Pahl GmbH aus Frohse/Elbe. Mieterin in der Nr. 10 war die „AG für chemische Produkte". Nr. 12 und 13 gehörten der Dienstwohnungs-GmbH. Nr. 14 war im Besitz der Wohnstätten-Gesellschaft Berlin, dort lebte der Geheime Regierungsrat M. Jungheim und die Nr. 15 war ein Haus der Gemeinnützigen Wohnungsbaugesellschaft, hier hatte sich Ministerialrat H. Schmidt eingemietet. In der Nr. 19 lebte der Komponist Fritz Jöde.

Soldauer Allee 3

Rund um den Soldauer Platz wohnten 1936 in den Häusern Nr. 1, 3 und 4 Beamte der Jurisprudenz (z.B. Landgerichtstrat Dr. Hefftner in der Nr. 4). Das Haus Nr. 5 gehörte der Wohnstättengesellschaft für Beamte des Reichswehrministeriums, Mieter war Major A. Köhn. Haus Nr. 6 war im Besitz der Gemeinnützigen Gesellschaft zur Schaffung von Wohngelegenheiten. Haus Nr. 7 gehörte der Gemeinnützigen Wohnungsbaugesellschaft und das Haus Nr. 11 gehörte dem Beamtenwirt-

Soldauer Platz, 1925

schaftsverein. Die Häuser 12–16 waren im Besitz der Deutschen Reichsbahn, hier wohnten Reichsbahndirektoren und Reichsbahnräte.

Frauenburger Pfad

Der Pfad heißt erst seit 1970 nach Frauenburg. Das heute polnische Frombork ist Grenzstadt zur russischen Oblast Kaliningrad. Damals wie heute ist es bekannt für seinen Dom aus dem 14. Jahrhundert, in dem Nikolaus Kopernikus (1473–1543) Domherr war und das heliozentrische Weltbildparadigma formulierte, d.h. die damals ketzerische Behauptung aufstellte, dass sich die Erde um die Sonne drehe und nicht umgekehrt.

Frauenburger Dom um 1910

Im Zweiten Weltkrieg wurde die Stadt Frauenburg so stark zerstört, dass sie 1959 sogar ihre Stadtrechte verlor. Heute wohnen gerade einmal 4.000 Einwohner hier. Hauptanziehungspunkt ist nach wie vor die Kathedrale auf einem Hügel oberhalb des Frischen Haffs.

Willenberger Pfad

Der kleine Gartenpfad heißt seit 1936 nach Willenberg. Am südlichen Rand der Masuren liegt die knapp 2.600 große Gemeinde Willenberg. Vor dem Zweiten Weltkrieg

Platz an der Kurländer Allee/Ecke Willenberger Pfad, um 1925

war das heute polnische Wielbark Grenzstadt zwischen dem deutschen Ostpreußen und dem polnischen Masowien. In beiden Weltkriegen kam es zu erheblichen Zerstörungen. Heute liegt unweit Willenbergs der internationale Flughafen der Masuren.

▶ *KdF-Stadt*

Anlässlich der Olympischen Spiele 1936 entstand innerhalb von fünf Wochen die provisorische „Kraft-durch-Freude-Stadt“ zwischen dem Bahnhof Heerstraße und der Wandalenallee.

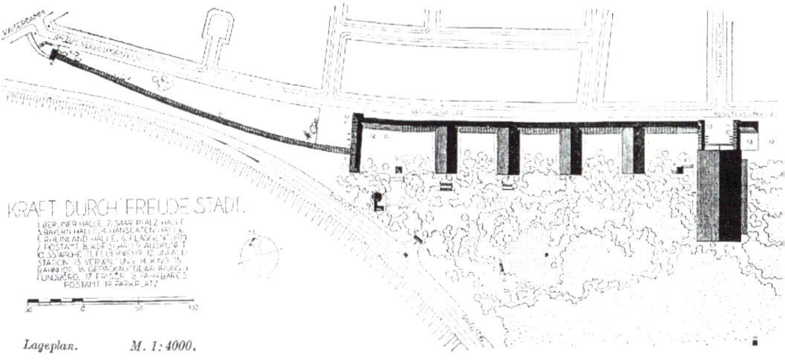

KdF-Stadt, Lageplan

Fünf überdimensionale Holzhäuser wurden errichtet, damit sich 8.000 täglich erwartete auswärtige Olympiazuschauer, die mit Nachtzügen aus allen Teilen des Reiches an einem eigens an der KdF-Stadt angelegten Bahnsteig eintrafen, in den Häusern frischmachen und frühstücken konnten.

Es gab vier kleine Hallen: die Rheinland-, Hanseaten-, Bayern- und Saar-Pfalz-Halle, in der jeweils 1.000 Personen gleichzeitig frühstücken konnten sowie die 28 Meter hohe „Große Halle“, die 3.500 Gäste fassen konnte. An ihrem Giebel war ein riesiger Reichsadler mit Hakenkreuzen angebracht, der nachts angestrahlt wurde. Des Weiteren

KdF-Stadt

stand neben der Großen Halle einen Fahnenturm mit 320 Hakenkreuzfahnen, Goldkugeln und Fichtenkränzen. Über allem schwebte die Flagge der Deutschen Arbeitsfront. Außerdem gab es ein Freiluftkino, in dem Sportaufzeichnungen des Vortages aufgeführt wurden. Von der Heerstraße gelangte man (entlang der heutigen Jafféstraße) durch einen 300 m langen hölzernen Wandelgang zum Hof der Stadt, in dem sich Verwaltungs- und Sanitärgebäude, eine Pressestelle und ein Postamt befanden. Ein Teil der KdF-Bauten wurde nach den Olympischen Spielen nach Nürnberg-Zerzabelshof gebracht und ab 1937 während der NS-Parteitage zur Vorführung von regionalen Produkten sowie des KdF-Wagens (späterer VW-Käfer) genutzt. Die Holzbauten brannten 1942 nach einem Bombenangriff auf Nürnberg ab.

Blick auf die KdF-Stadt (im Hintergrund rechts der Bahnhof Heerstraße, vermutlich vom Funkturm aus gesehen, 1936)

Ausflugstouren rund um das Ostpreußenviertel

Tour 3:
Vom Bahnhof Pichelsberg zum Rupenhorn, nach Schildhorn und zurück

8 km / 2 h

Am Scholzplatz steht ein vom Sender Freies Berlin 1963 erbauter 230 m hoher Sendemast. Die bisherigen Antennen in Westberlin waren nicht mehr leistungsstark genug, man wollte ja auch große Teile der DDR mit West-

Wohnanlage Am Rupenhorn mit Sendemast Scholzplatz, von der Havel aus gesehen

fernsehen und -radio mitversorgen. Anstatt eines neuen Fernsehturms an der Trakehner Allee baute man den provisorischen Sendemast am Scholzplatz, der bis heute seine Dienste als Radio- und Digitalfernsehsender erfüllt. Man hoffte ja auf eine baldige Wiedervereinigung und einen repräsentativen Fernsehturmneubau in Berlin-Mitte (wie er 1965–1969 am Berliner Alexanderplatz gebaut wurde).
Rund um den Scholzplatz war in den 1930er Jahren die Anlage einer „**Hochschulstadt**“ geplant, mit vielen im Stil der damaligen Zeit monströsen Hochhausbauten und einem mehrstöckigen Uniklinikum, das Ersatz für die Charité in Berlin-Mitte bieten sollte, die zugunsten anderer Planungen für die „Welthauptstadt Germania“ (Große Halle) abgerissen worden wäre. Neben Hitlers Hausarchitekten Albert Speer war Otto Kohtz (1880–1956) maßgeblich an den Plänen beteiligt. Im Zentrum der NS-Hochschulstadt sollte neben der bereits im Rohbau befindlichen und heute unter Trümmern begrabenen „Wehrtechnischen Fakultät“ (s. Teufelsberg) ein an das Athener Parthenon (Akropolis) erinnerndes Audimax entstehen. Auch ein neuer Botanischer und Zoologischer Garten waren zwischen Scholzplatz und dem heutigen Teufelsberg geplant. Die bestehenden und noch recht neuen Privathäuser des westlichen Ostpreußenviertels wollte der Generalbauinspektor Albert Speer gänzlich abreißen lassen und als Ausgleich den Siedlern Grundstücke auf dem Gelände der Domäne Dahlem zur Verfü-

Wehrtechnische Fakultät (Modell)

gung stellen. Diese Pläne waren am 9. März 1937 mit Hitler persönlich abgestimmt worden: Der war davon begeistert. Am 27. November 1937 legte er den ersten Grundstein für die Wehrtechnische Fakultät der Technischen Hochschule Berlin, den ersten Bau der neuen Hochschulstadt.

Das Bauprojekt am Westende der Ost-West-Achse sollte im Jahre 1950 an der Weltausstellung teilnehmen. Der Ausbruch des Zweiten Weltkrieg verhinderte diesen Größenwahnsinn.

Auf der Insel Pichelswerder wären ebenfalls monumentale Hochschulbauten errichtet worden, genauso wie zwischen Scholzplatz und dem Messegelände. Insgesamt waren fünf Fakultäten geplant: eine naturwissenschaftliche und eine geisteswissenschaftliche Hochschulabteilung auf einer Fläche von je 78.000 m², ein Uniklinikum mit einer Fläche von 52.000 m² in Höhe des U-Bahnhofs Ruhleben, eine technische Hochschule mit 126.000 m² und eine militärärztliche Akademie mit 102.000 m² Fläche. Im Dezember 1937 wurde ein Architektenwettbewerb ausgelobt: Insgesamt 743 Wettbewerbsentwürfe wurden eingereicht. Namhafte Architekten wie Hans und Wassili Luckhardt (s. Am Rupenhorn), Ernst Sagebiel (Flughafen Tempelhof), Werner March (Olympiastadion) und Paul Mebes (Reichsbeamtensiedlung Schlachtensee) nahmen an der Ausschreibung teil. Im Mittelpunkt der neuen Hochschulstadt sollte eine „Studentenhalle“ stehen. Diese Halle wäre von Hanns Dustmann (1902–1979) entworfen worden, dem „Reichsarchitekten der Hitlerjugend“. Vor dem Hallenportal

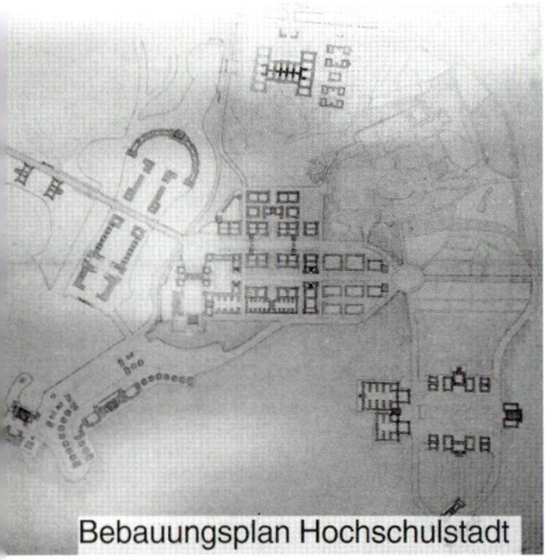

Bebauungsplan Hochschulstadt

hätte die Heerstraße, die neue Ost-West-Achse, in einem Wendehammer geendet. Alle teilnehmenden Architekten hätten bei Auswahl ihres Entwurfs ein Preisgeld in Höhe von 15.000 Reichsmark erhalten (vgl. Schade, 1979).
Auf dem Scholzplatz befindet sich auch die Zufahrt zum **Jüdischen Friedhof**, der zwischen 1953 und 1956 für die Westberliner Gemeinde angelegt und 1966 bzw. 1979 erweitert wurde, da alle anderen jüdischen Begräbnisstätten im Ostteil der Stadt lagen. Entworfen wurde die Anlage von Hermann Guttmann und Bernhard Kynast. Die Verwaltungsgebäude und die Feierhalle entstanden nach Plänen von Curt Leschnitzer. Auf dem Friedhof befindet sich ein aus Steinen der ehemaligen Synagoge in der Charlottenburger Fasanenstraße errichtetes Denkmal für die Opfer des NS-Regimes. Sehenswert sind fünf Grabsteine von einem im Mittelalter entweihten jüdischen Friedhof in Spandau.
Prominente, die auf dem Jüdischen Friedhof Heerstraße begraben sind: Heinz Galinski (1912–1992), Vorsitzender der Jüdischen Gemeinde, Grab direkt am Eingangsbereich; Lotti Huber (1912–1998), Schauspielerin, Grab ebenfalls direkt am Eingangsbereich und Hans Rosenthal (1925–1987), Showmaster, Ehrenreihe 4102.
Des Weiteren: Martin Berliner (Schauspieler), Ernst Deutsch (Schauspieler), Wolf Gradis (Mediziner), Heinrich Eduard Jacob (Schriftsteller), Gerhard Löwenthal

Denkmal für die Opfer der nationalsozialistischen Gewaltherrschaft auf dem Jüdischen Friedhof Heerstraße

(Jounalist, ZDF-Magazin), Abraham Pisarek (Fotograf), Michel Schwalbé (Geiger) und Jeanette Wolff (Politikerin).

▶ ***British Berlin War Cemetery***
Ebenfalls vom Scholzplatz bzw. von der Heerstraße gelangt man zum 3,7 ha großen britischen Soldatenfriedhof, der 1955–1957 von der Commonwealth War Graves Commission und dem Berliner Senat nach Plänen des Landschaftsarchitekten Philip Dalton Hepworth angelegt worden ist. Hepworth musste sich an genaue Vorgaben eines 1918 vom britischen Parlament verabschiedeten Kriegsgräber-Friedhofsgrundmusters halten. Dazu gehörte auch die „Roll of Honour", ein Gräberregister in einem der Torhäuser des Osteingangs. Die 3.576 Grabsteine sind fast ausnahmslos aus weißem Portland-Sandstein hergestellt und in die Rasenfläche eingelassen. Auch einige in Berlin nach 1945 verstorbene britische Militärangehörige sind hier bestattet worden. Ursprünglich gab es nach dem Krieg einen Soldatenfriedhof auf der Fläche des heutigen Pflanzengroßhandels an der Trakehner Allee, doch dieser Platz war ab 1959 für einen neuen Westberliner Fernsehturm vorgesehen, sodass ab 1957 die hier Bestatteten zur Heerstraße umgebettet wurden.

Oberhalb des Stößensees, poetisch gesprochen „auf der letzten Klippe Berlins" vor der Havel, entstand in den 1920er Jahren die Siedlung **Am Rupenhorn**. Der Name der Siedlung leitet sich von der unterhalb dieser „Klippe" gelegenen Landzunge Rupenhorn ab. Diese wiederum ist nach der Aalraupe benannt worden, ein Fisch, der früher im Stößensee gefangen wurde. 1925 wurde dann die Straße 35, die die spätere Siedlung queren sollte, in „Am Rupenhorn" umgenannt. Ursprünglich sollten mehrere Straßen des Ostpreußenviertels an dieser Straße enden, wie drei Straßeneinmündungen heute noch auf dem Stadtplan erkennen lassen.
Die ersten Einträge von Anrainern im Berliner Adressbuch gibt es im Jahre 1927. Nachstehend sollen einige

Landhaus Am Rupenhorn 1B

interessante Häuser und ihre Bewohner vorgestellt werden.
Auf dem Grundstück Nr. 1 stand einst ein 1924 von Kaufmann Dr. Waechter, Bürodiener Burtz, Kraftwagenführer Maassen, Generaldirektor Nolte und einem Fräulein Thielenhaus bewohntes Haus, das vom Architekten Wilhelm Keller als Landhaus im Zeitgeist des Expressionismus entworfen wurde. Den Garten legte der Gartenbaudirektor Erwin Barth (s. Friedhof Heerstraße) an. Im Jahre 1929 wird das Grundstück geteilt und umnummeriert. Das o.g. bestehende Haus erhält die Nr. 1, auf der Nr. 2 nebenan entsteht ab 1929 ein weiteres Anwesen. Außerdem ließ man einen Fußweg hinab zum Stößensee anlegen. Den Krieg überlebte das Haus weitgehend unbeschadet, aber Immobilienspekulationen in den 1970ern führten dazu, dass das Haus jahrelang leerstand. Auf dem abermals geteilten Grundstück, nun mit der Hausnummer 1b, entwarf Tessenow-Schüler Norman Braun 1957 sein eigenes Wohnhaus in der sog. Split-Level-Bauweise. In den 1980er Jahren brannte das Haus Nr. 1 (von 1924) aus, Anfang 2000 wurden die Ruinen abgetragen und ein Großteil des einst weitläufigen Grundstücks mit (seinerzeit modern geltenden) Stadtvillen bebaut.
Das Haus Nr. 5 wurde 1930 errichtet und war damals im Eigentum des jüdischen Kaufmanns Paul Lindemann (vorher wohnhaft in der Westender Ahornallee). Er war

Besitzer eines Kaufhauses in Potsdam, der späteren Karstadt-Filiale in der Brandenburger Straße. Entworfen wurde das Haus vom Bauhaus-Architekten Bruno Paul,

Am Rupenhorn 5, heute Touro-College

umgeben von einer weitläufigen Gartenanlage. Im Jahre 1936 wird es durch die Nazis zwangsenteignet und geht in den Besitz der Stiftung Preußenhaus über. Ab 1937 wohnt hier Reichsminister Keerl. Keerl ließ sich vom Architekten Friedrich Hetzelt einen Seitenflügel anbauen. In den Gebäuden hat heute das jüdische Touro-College seinen Sitz. Das denkmalgeschützte Anwesen befindet sich im Eigentum des Landes Berlin. Auch der prachtvolle Garten in Hanglange ist heute als Gartendenkmal geschützt.

Die Villa Nr. 6 wurde ebenfalls 1930 erstbezogen, und zwar von dem bekannten Architekten Erich Mendelsohn (vorher Nußbaumallee), der 1887 in Allenstein (Ostpreußen) geboren wurde. Mendelsohn emigrierte im April 1933 nach London, da er aufgrund seines jüdischen

Toreinfahrt zur Villa Am Rupenhorn 6

Glaubens von den Nazis verfolgt wurde. Er starb 1953 in San Francisco. Das 1928–1930 von ihm selbst entworfene Anwesen wird von den Nazis dem Regisseur Duisberg zur Verfügung gestellt, ab 1936 wohnt hier Bergwerksbesitzer Brockhaus. Erich Mendelsohn zählt zu den bedeutendsten deutschen Architekten der Neuen Sachlichkeit. Auch sein Wohnhaus zählt zu den sehenswerten Bauwerken der 1920er Jahren in Berlin. Alle Wohnzimmer haben Blick auf die Havel. Der französische Maler Amédée Ozenfant bezeichnete das Mendelsohnsche Eigenheim als „Goethes Gartenhaus der Moderne“. Die Familie Mendelsohn lud oft zu Konzertabenden ein, auch Albert Einstein soll häufig zu Gast gewesen sein. Die ebenfalls denkmalgeschützte Gartenanlage mit einigen Skulpturen gestaltete Heinrich Wiepking-Jürgensmann. 1988 erfolgten Um- und Anbauten am Haus. Das Jensensche Haus (Nr. 7) wurde vor 1927 von Direktor Jensen aus Westend erbaut. Ab 1939 wurde es zusammen mit dem Haus Nr. 8 Teil des Angestelltenheims des Reichspostministeriums und der Deutschen Reichspost. Das Kerstensche Haus (Nr. 8) wurde 1923 nach Plänen des damaligen Star-Architekten Hermann Muthesius für den Kaufmann Kersten erbaut. Im Jahre 1937 wird es vom Reichspostministerium übernommen. Das Haus wurde im Krieg stark beschädigt und 1960 (zusammen mit Haus Nr. 7) abgerissen. Der Architekt Hans Wolff-Grohmann (s. Stallupöner Allee 19–23) erbaute zwischen 1971 und 1976 hier sog. Terrassenhäuser. Ein 60 Meter breites, unausgefülltes Zwischengeschoss erlaubt den Blick auf die Havel. Insgesamt gibt es 106 Wohnungen, die – gemäß vorherigem Eigentümer – hauptsächlich für Postangestellte vorgehen waren. Heute sind die Häuser Teil des sozialen Wohnungsbaus.

Landhaus Kluge (Nr.25), 1931

Das Anwesen Nr. 9 wurde vom Architekten Ludwig Hilberseimer entworfen und 1929 von D. Nordhaus, der ebenfalls Architekt war, erstbezogen. Nordhaus lebte dort nur bis 1933, dann wurde das Haus an die Zelle GmbH veräußert und ab 1934 von Kapellmeister Hörner angemietet, ab 1938 von Syndikus Bitter. Besonderheit des Baus sollen die „Berliner Pfeiffenköpfe" – weiß glasierte Riemchen, ein lokales architektonisches Stilelement – gewesen sein (heute verputzt). Nach dem Krieg lebte (bis 1994) Boxlegende Bubi Scholz in diesem Haus.
Das Bussesche Haus (Nr. 12–14) wurde von Kaufmann Busse aus der Kastanienallee in den 1920er Jahren erbaut, 1930 abgerissen und durch einen Neubau ersetzt. Direktor R. Kluge ließ 1929 bzw. 1932 auf dem Grundstück Nr. 24–25 zwei Wohnhäuser durch die Architekten Hans und Wassili Luckhardt im Stil der Neuen Sachlichkeit errichten. Die Gebrüder Luckhardt waren – wie Nachbar Mendelsohn – Mitglieder des progressiven Architektenverbands „Der Ring". Untermieter war Architektenkollege Anker. Die beiden Gebäude wurden kurz nach dem Bau zwangsversteigert. Im Jahre 1936 wurde der Grundstücksteil mit der bisherigen Nummer 25 der Heerstraße 55 zugeschlagen. Mit Kriegsbeginn gelangten die Bauten in öffentliche Hand, denn sie sollten für den Neubau der NS-Hochschulstadt rund um den Scholzplatz abgerissen werden. Bis 1997 war Haus Nr. 25 in Bundesbesitz, dann kauften die Architekten Kliemke und Wischer das Anwesen und sanierten es mit Fördermitteln der Deutschen Stiftung Denkmalschutz. 2005 wurde das Haus fertig saniert den Besitzern übergeben und soll zukünftig der Öffentlichkeit als Architektursalon zur Verfügung stehen.

Mehrfamilienhaus
Am Rupenhorn 21

und soll zukünftig der Öffentlichkeit als Architektursalon zur Verfügung stehen.
Weitere Häuser in der Straße Am Rupenhorn (Auswahl): Nr. 3: Kaufmann Auerbach, später Geheimrat Kreuter (ebenfalls Nr. 11–12). Nr. 4: Kaufmann Tuteur und Gärtner Erdmann. Im Jahr 1930 baute der Arzt Dr. H. Engel auf dem Grundstück Nr. 10 sein Eigenheim (ab 1937 Fabrikdirektor W. Mann). Nr. 11 wurde bewohnt von Direktor K. Bertsch 1929–1939, ab 1939 Direktor M. Simon-Thomas. Nr. 15, erbaut 1930 durch Frau Jacobi und Justiziarrat Cohn; ab 1935 Ehepaar Schön. In der Nr. 16 lebte Diplomingenieur Dr. Behringer (ab 1930) und in der Nr. 17 Dr. phil. Stückrath (ab 1937). Das Haus Nr. 21 wurde ab 1932 von Rechtsanwalt D. Kraetzer bewohnt, 1937 ging es in den Besitz einer Frau Krüger über.
Auf dem Weg von der Siedlung Rupenhorn geht es den Hang steil bergab zur Straße Am Postfenn. Im Tal des Torfgrabens liegt, beschaulich zwischen Grunewald und Havel, einer der drei Standorte der **Berlin British School**. Sie wurde am 21. Oktober 1994, also kurz nach dem Abzug der Westalliierten aus Berlin, gegründet. Der Lehrplan richtet sich nach dem englischen Schulsystem: es gibt eine Vorschule an der Havelchaussee 104, eine Grundschule im Dickensweg 17–19 und die Oberschule Am Postfenn 31.
Gegenüber der britischen Oberschule befindet sich der Zugang zum Steg der „**Alten Liebe**“ am Ufer des Stößensees. Das heutige Boot lief 1912 als „Godeffroy“ vom Stapel und verrichtete einst im Hamburger Hafen und im Linienverkehr nach Helgoland seinen Dienst. Seit 1970 liegt es an dieser Stelle, zuvor gab es bereits ein

Restaurantschiff „Alte Liebe“

Boot namens „Zille“, welches ursprünglich vor Lindwerder festmachte und dann ab 1958 den Standort Stößensee zugewiesen bekam. Die „Zille“ brannte bei Abwrackarbeiten ab. Von den beiden Decks des heutigen Restaurantschiffs „Alte Liebe“ (Godeffroy) hat man einen wunderbaren Ausblick auf Pichelswerder und die Havel. Auf dem Uferweg – gekennzeichnet als Wanderweg 12 – gelangt man bequem zum Wirtshaus **Schildhorn**. Der

Historische Gebäude rund um die Ausflugsgaststätte am Schildhorn

Sage nach erhielt die Landzunge Schildhorn ihren Namen aufgrund des Slawenfürsten Jaczo (Jaxo), der auf der Flucht vor Albrecht dem Bären an dieser Stelle die Havel durchschwamm. Als Dank, dass er lebend das andere Ufer erreichte, hängte er seinen Schild und sein Horn an einem Baum und trat zum Christentum über – so die Sage. Der Architekt Friedrich August Stüler errichtete 1845 nach Bleistiftskizzen Friedrich Wilhelms IV. hier ein Denkmal: Die Jaczosäule. Auf der anderen Havelseite in Gatow steht der Jaczoturm von 1914, der ebenfalls an die Sage erinnert. Der Ursprung des Namens Schildhorn geht aber wohl eher nicht auf diese Sage zurück.

Im kleinen „Ausflugsdorf“ Schildhorn entstanden im ausgehenden 19. Jahrhundert mehrere Gebäude für die Besucher aus Berlin. Im Jahre 1865 wurden drei spätklassizistische Wohngebäude errichtet und 1881 folgte dann ein Wirtshaus im Fachwerkstil (Architekt: C. Jacob) mit Hallen für bis zu 250 Ausflügler. Im Jahr 1894 errrichtete der Wirt eine zweite Halle mit Wintergarten im Stil der Neorenaissance nach Entwürfen von A. Merker. Heute befindet sich am Schildhorn außerdem ein Tagungshotel

der Gewerkschaft GEW (seit 1965). Auch eine Filiale der Hühnerfleisch-Fastfoodkette Wienerwald befand sich in den 1970er hier. Nach einigen wirtschaftlichen Schwierigkeiten kam es zuletzt 2003 zu einer Zwangsversteigerung eines der beiden Ausflugslokale.
Kaum jemand weiß heute noch, dass ab 1920 zwischen Gatow und dem Wirtshaus Schildhorn eine von der „Gatower Fährgemeinschaft" betriebene Holzkahnfähre existierte. Eine Überfahrt kostete 10 Pfennige (mit Rückfahrt fünf Pfennige mehr). War das Boot voll besetzt, so bedeutete das für den Ruderer Schwerstarbeit, dafür erhielt er den Überlieferungen zufolge stets ein gutes Trinkgeld. Im Jahre 1936 wollten die Söhne der Gemeinschaftsmitglieder die Fähre nicht übernehmen und der Betrieb wurde eingestellt. Anlässlich des Tages des offenen Denkmals am 11. September 2011 wurde die historische Fährverbindung für einen Nachmittag zwischen dem Jaczoturm in Gatow und dem Schildhorn wieder aufgenommen. Das Ticket für Hin- und Rückfahrt kostet 2011 aber drei Euro und nicht mehr 15 Pfennige.

▶ *Der „Friedhof der Namenlosen", heute Grunewald-Forst (ehemaliger Selbstmörderfriedhof), Schildhorn*

Im ausgehenden 19. Jahrhundert durften Selbstmörder nicht auf christlichen Friedhöfen bestattet werden. An der Havel in Höhe Schildhorn wurden seltsamerweise besonders oft Wasserleichen an Land gespült. Häufig waren es Selbstmörder, die von einer Brücke in die Havel sprangen. Die Forstverwaltung hatte das Problem, dass es kaum Orte gab, die oft namenlosen Leichen zu bestatten. Deshalb wurde 1878 unweit der Havel auf einer Waldlichtung eine konfessionsunabhängige Begräb-

Eingangsportal des Selbstmörderfriedhofs

Grab des Oberförsters Willi Schulz (1881-1928)

nisstätte angelegt. Das sprach sich unter den Angehörigen von Selbstmördern aus dem ganzen Berliner Stadtgebiet herum, so dass ab 1900 nicht mehr nur Seeleichen hier bestattet werden konnten. Fortan prägte sich der Begriff „Selbstmörderfriedhof“ bei den Berlinern ein. 1911 wurde dann eine feste Leichenhalle errichtet. Fünf russisch-orthodoxe Kreuze markieren die Gräber von zarentreuen Russen, die sich 1917 aus Trauer über Lenins Revolution in der Havel das Leben nahmen (siehe Abb.). Nachdem im Ersten Weltkrieg erstmals nicht nur Selbstmörder, sondern auch Soldaten und Zivilisten hier bestattet wurden, ist 1927 der Friedhof zu einer regulären Begräbnisstätte geworden. Bekanntestes Grab auf dem Friedhof ist die letzte Ruhestätte von Nico (1938–1988), der Sängerin der 60er-Jahre-Rockband „The Velvet Underground“; aber auch der Schriftsteller Clemens Laar (1906–1960), der Maler Immanuel Meyer-Pyritz (1902–1974) und der Komponist Horst Kudritzki (1911–1970) wurden hier begraben. Der Senat überlegt derzeit, keine Neubestattungen mehr vorzunehmen und den Friedhof innerhalb der nächsten Jahrzehnte zu schließen.

Zaristengräber

Von hier aus geht es durch den Grunewald zurück zum Scholzplatz und zum S-Bahnhof Pichelsberg.

Tour 4: Vom S-Bahnhof Pichelsberg nach Klein-Venedig, Tiefwerder, Pichelswerder und zurück

8 km / 2h

Vom Bahnhof Pichelsberg aus kann man in wenigen Schritten dem Großstadtstress entfliehen: Viele kleine Gräben durchziehen die Tiefwerder-Wiesen, auf denen bisweilen sogar Büffel weiden. Die Wiesen sind natürliches Überschwemmungsgebiet und das letzte Hecht-Laichgebiet der Stadt. Ein Teil der Wiesen gehörte im Kalten Krieg als Enklave, bis zu einem Gebietsaustausch 1988, zum DDR-Staatsgebiet (Gemeinde Seeburg) und durfte von Westberliner Behörden nicht betreten werden. Zwischen Pichelsberg und Tiefwerder befinden sich viele Kleingärten, die oft nur über eigene Bootsstege an den kleinen Kanälen erreichbar sind. Dieses Gebiet zwischen Großem und Kleinem Jürgengraben wird deshalb auch oft als „Klein Venedig" bezeichnet. Zum Teil nur auf Bohlenwegen und über Brücken gelangt der Spaziergänger zu dem auf einer Insel gelegenen idyllischen Dorfkern von Tiefwerder, der 1815 als Fischerkolonie entstand und heute zum Berliner Bezirk Spandau gehört.

Von Tiefwerder geht es an der Havel entlang bis zur Heerstraße. Wir befinden uns hier bereits auf Pichelswerder, einer Spandauer Insel zwischen Havel und Stößensee. Im 19. Jahrhundert lagen hier viele beliebte Berliner Ausflugsgaststätten, wie z.B. das Lokal „Königgrätzer Garten" (später Siemens-Ruderverein, heute Bootshaus der Schele-Privatschule), der „Inselgarten"

Pichelsdorfer Gmünd – Hier mündet die Havel in die Kladower Seestrecke, zu der auch der Große Wannsee gehört. Neben dem grünen Leuchtfeuer liegt das ehemalige „Restaurantschiff Sabine II"

von Karl Freund (bis in die 1950er Jahre in Betrieb, zuletzt bekannt durch die „RIAS-Kaffeetafel“), der Gasthof Rackwitz (von 1850) oder die „Wilhelmshöhe“ (eröffnet 1856, später auch „Klein-Sanssouci“ oder „Terrassen am Stößensee“ genannt). Auf Pichelswerder gibt es heute nur noch zwei kleinere Imbiss-Stuben. Das letzte große Restaurant, das sog. „Restaurationsschiff Sabine II“, das am Leuchtfeuer an der Südspitze Pichelswerders lag, brannte im Sommer 1998 ab. Der ehemalige Besitzer, ein Seemann, der von 1982–1997 das seit den 1960er Jahren bestehende Restaurant betrieb, kaufte sich nach dem Brand ein altes Wohnschiff der Nationalen Volksarmee, in dem er seine letzten Lebensjahre verbrachte. Die „Sabine III“ liegt bis heute verwaist vor Pichelswerder. Die Insel ist seit Jahren ein stark frequentiertes Hundeauslaufgebiet. Die malerisch gelegenen Badebuchten sind deshalb nur Hundeliebhabern zu empfehlen.

Der „Königgrätzer Garten“, benannt nach der 1866 stattgefundenen Schlacht nahe der heute tschechischen Stadt Hradec Králové.

▶ *Fährverkehr auf dem Stößensee*

Um die Ausflügler bequem zwischen den Restaurants Wilhelmshöhe, dem Seeschlößchen und dem Kaisergarten umherzuschippern, wurde zwischen 1857 und 1917 zeitweise sogar eine elektrisch betriebene Fähre eingesetzt. Vom Gasthof Rackwitz gab es zum Gelände der Deutschen Bierbrauerei AG sogar nachts einen Ruderkahn für die angeheiterten Gäste.

Bis zum Bau der Stößenseebrücke 1910 existierte seit 1857 eine Fährverbindung von Tiefwerder über Pichelsberg nach Pichelswerder. Im Jahre 1869 gab es außerdem eine Ruderkahn-Fähre auf dem Stößensee nach Schildhorn, Pichelswerder, Tiefwerder und Pichelsdorf.

Wasserbüffel auf den Tiefwerder-Wiesen

Hinzu kam 1875 die Fähre vom Königgrätzer Garten über das Schildhorn zum Teufelsgraben. Nachdem am 3. Mai 1945 die Freybrücke durch eine Fliegerbombe, die die Sprengkammern der Brücke traf, zerstört wurde, richteten am 16. Dezember 1948 britische Pioniere eine Notbrücke ein. Daneben verkehrte eine „Notfähre".
1950 stellte Gustav-Adolf Klahn zwar einen Antrag auf einen Fähr- und Rundreisebetrieb auf dem Stößensee als Arbeitsbeschaffungmaßnahme, aber ohne Erfolg. Seit 1948 gibt es keinen Fährverkehr auf dem Stößensee mehr.

Kanufahrer in Klein-Venedig, 2011

Literatur:

Balkow-Gölitzer, Harry / Biedermann, Bettina / Reitmeier, Rüdiger / Riedel, Jörg (2007): Prominente in Berlin-Westend und ihre Geschichten. Berlin: bebra.

Behling, Klaus und Jüttemann, Andreas (2011): Der Berliner Teufelsberg. Trümmer, Truppen und Touristen. Berlin: Berlin-Story.

Berger, Ursel und Gabler, Josephine (2000): Georg Kolbe, Wohn- und Atelierhaus. Berlin: Jovis

Borck, Karin (1996; Hrsg.): 75 Jahre Siedlung Heerstraße: 1921–1996 / Interessengemeinschaft Siedlung Berlin-Heerstraße e.V. Berlin.

Brachmann, Christoph & Suckale, Robert (1999): Die Technische Universität Berlin und ihre Bauten. Berlin: Bauwesen.

Donath, Matthias (2005): Bunker, Banken, Reichskanzlei. Architekturführer Berlin 1933-1945. Berlin: Lukas.

Galonska, Clemens (2007): Gartenstadt Hellerau. Einhundert Jahre erste deutsche Gartenstadt. Chemnitz: Palisander.

Gorgas, Kurt (1929): Die Gemeinnützige Baugesellschaft Berlin-Heerstraße. Berlin: Balczus.

Krause, Gerhard (1936): Das Reichssportfeld. Mit Bildern von Wolf Strache. - Berlin: Reichssportverlag.

Lehmann, Holger (2009): Berliner Ausflüge: Unterwegs zu den schönsten Zielen des alten Berlin. Berlin: vbb Verlag für Berlin-Brandenburg.

Mende, Hans-Jürgen und Wernicke, Kurt (2005): Berliner Bezirkslexikon – Charlottenburg-Wilmersdorf. Berlin: Haude & Spener.

Nachama, Andreas & Tuchel, Johannes (2012; Hrsg.): Am Rupenhorn 5. Wohnsitz der Familie Lindemann, NS-Ministerresidenz, Touro College. Berlin: be.bra.

Ohmann, Oliver (1999): »Die Berliner bauen ihre Berge selber«. Der Teufelsberg im nördlichen Grunewald. Edition Luisenstadt
http://www.luise-berlin.de/bms/bmstxt99/9906prof.htm

Schade, Ingrid (1979): Die Um- und Neuplanung der Technischen Hochschule im Faschismus. In: 100 Jahre Technische Universität Berlin 1879–1979 (hg. v. Karl Schwarz).

Schmitz, Frank (2007): Landhäuser in Berlin 1933–1945. Berlin: Gebr. Mann.

Schreck, Karl-Heinz (1986): Fähren im Bereich Berlin West. Berliner Verkehrsblätter Jahrgang 1986, Ausgaben 4,5,6,7

Strowitzki, Bernhard (2002): S-Bahn Berlin. Geschichte(n) für unterwegs. Berlin:GVE.

Zentralblatt der Bauverwaltung vom 24. April 1912: Der neue Bahnhof Pichelsberg, zitiert nach http://www.stadtschnellbahn-berlin.de/bahnhof/bahnhof.php?bhf=378

Zentralblatt der Bauverwaltung vom 9. September 1936: Die KdF-Stadt, zitiert nach http://vergessene-orte.blogspot.de/2009/12/die-kdf-stadt-in-berlin.html

Die Namen der Bewohner vor 1943 sind den Berliner Adressbüchern entnommen, die Online über die Zentrale Landesbibliothek frei zugänglich sind: adressbuch.zlb.de